ŒUVRES COMPLÈTES
DE
SIR WALTER SCOTT.

Traduction Nouvelle.

PARIS,
CHARLES GOSSELIN et A. SAUTELET ET Cᵒ
LIBRAIRES-ÉDITEURS.
M DCCC XXVI.

H. FOURNIER IMPRIMEUR.

OEUVRES COMPLÈTES

DE

SIR WALTER SCOTT.

TOME CINQUANTE-SIXIÈME.

IMPRIMERIE DE H. FOURNIER,
RUE DE SEINE, N° 14.

QUENTIN DURWARD.

(𝔔uentin 𝔇urward.)

TOME DEUXIÈME.

———

« La guerre est ma patrie,
» Mon harnois ma maison,
» Et en toute saison
» Combattre c'est ma vie. »

Ancienne ballade française.

QUENTIN DURWARD.

(𝕼uentin 𝕯urward.)

CHAPITRE XI.

LA GALERIE DE ROLAND.

« Cupidon est aveugle! Hymen y voit-il mieux?
» Ou peut-être on lui met, pour abuser ses yeux,
» Des parens, des tuteurs, les trompeuses lunettes,
» Qui peuvent, à travers leurs verres à facettes,
» Décupler la valeur de l'argent, des joyaux,
» Des terres, des maisons, des rentes, des lingots?
» C'est une question à discuter, je pense. »

Les Malheurs d'un mariage forcé.

Louis XI, quoiqu'il fût le souverain de l'Europe le plus jaloux de son pouvoir, savait pourtant se contenter d'en posséder les avantages réels; et, quoiqu'il connût, et qu'il exigeât quelquefois strictement tout ce qui était dû à son rang, il négligeait en général ce qui ne tenait qu'à la représentation extérieure.

Dans un prince doué de meilleures qualités, la familiarité avec laquelle il invitait des sujets à sa table, ou quelquefois même s'asseyait à la leur, l'aurait rendu populaire au plus haut degré ; et même, malgré son caractère bien connu, la simplicité de ses manières lui faisait pardonner une bonne partie de ses vices par la classe de ses sujets qui n'était point immédiatement exposée à en ressentir les conséquences. Le tiers-état, qui, sous le règne de ce prince habile, s'était élevé à un nouveau degré d'opulence et d'importance, respectait sa personne, quoique sans l'aimer ; et ce fut grace à son appui qu'il fut en état de se maintenir contre la haine des nobles, qui l'accusaient de dégrader l'honneur de la couronne de France, et de ternir leurs brillans privilèges par ce même mépris pour l'étiquette qui plaisait aux citoyens d'une classe moins élevée (1).

Avec une patience que beaucoup d'autres princes auraient regardée comme dégradante, peut-être même en y trouvant quelque amusement, le roi de France attendit qu'un simple soldat de sa garde eût satisfait un appétit des mieux aiguisés. On doit pourtant supposer que Quentin avait trop de bon sens et de prudence pour

(1) Dans une de ses brillantes improvisations de la tribune, le général Foy avait fait allusion à l'impopularité de Louis XI. Une lettre spirituelle, signée *Philippe de Comines*, parut dans la *Quotidienne*, pour venger la réputation de Louis XI *sous ce rapport*. L'orateur reconnut qu'il avait exagéré l'impopularité du monarque si heureusement défendu, et depuis ce jour il appelait familièrement notre ami Charles Nodier *Philippe de Comines*. Le roman de *Quentin Durward* et l'*Histoire des ducs de Bourgogne* n'avaient pas encore alors été publiés. — Éd.

soumettre la patience d'un roi à une trop longue épreuve, et, dans le fait, il avait voulu plus d'une fois terminer son repas, sans que Louis le lui permit.

— Non, non, lui dit-il, je vois dans tes yeux qu'il te reste encore du courage. En avant, de par Dieu et saint Denis ! retourne à la charge. Je te dis qu'un bon repas et une messe (et il fit le signe de la croix) ne nuisent jamais à la besogne d'un chrétien. — Bois un verre de vin, mais tiens-toi en garde contre le flacon : c'est le défaut de tes concitoyens aussi-bien que des Anglais, qui, cette folie à part, sont les meilleurs soldats du monde. Allons, lave-toi les mains promptement, n'oublie pas de dire tes graces, et suis-moi.

Durward obéit ; et, traversant d'autres corridors que ceux par lesquels il avait déjà passé, mais qui formaient également une sorte de labyrinthe, il se retrouva dans la galerie de Roland.

— Souviens-toi bien, lui dit le roi d'un ton d'autorité, que tu n'as jamais quitté ce poste, et que ce soit là ta réponse à ton oncle et à tes camarades. Écoute, pour mieux graver cet ordre dans ta mémoire je te donne cette chaîne d'or. (Et il lui jeta sur le bras une chaîne d'un grand prix.) Si je ne me pare pas moi-même, ceux à qui j'accorde ma confiance ont toujours le moyen de disputer de parure avec qui que ce soit. Mais, quand une chaîne comme celle-ci ne suffit pas pour lier une langue indiscrète, mon compère l'Ermite a un amulette pour la gorge, qui ne manque jamais d'opérer une cure certaine. Maintenant, fais attention à ce que je vais te dire. Aucun homme, excepté Olivier et moi, ne doit entrer ici ce soir ; mais il y viendra des dames, peut-être d'un bout de cette galerie, peut-être de l'autre, peut-être de tous les deux. Tu peux leur répondre, si elles te parlent; mais, étant en faction, ta réponse doit être courte, et tu ne dois ni leur adresser la parole à ton tour, ni chercher à prolonger la conversation. Seulement, aie soin d'écouter ce qu'elles diront. Tes oreilles sont à mon service comme tes bras: je t'ai acheté corps et ame; par conséquent, ce que tu pourras entendre de leur entretien, tu le graveras dans ta mémoire, jusqu'à ce que tu me l'aies rapporté, après quoi tu l'oublieras. Et maintenant que j'y réfléchis, il vaudra mieux que tu passes pour un nouveau venu d'Écosse, arrivé directement de ses montagnes, et qui ne connaît pas encore notre langue très-chrétienne. C'est cela : de cette manière, si elles te parlent, tu ne leur répondras pas. Cela te délivrera de tout embarras, et elles n'en parleront que plus librement devant toi. Tu m'as bien compris; adieu, sois prudent, et tu as un ami.

A peine le roi avait-il parlé ainsi, qu'il disparut derrière la tapisserie, laissant Quentin libre de réfléchir sur tout ce qu'il avait vu et entendu. Le jeune Écossais se trouvait dans une de ces situations où il est plus agréable de regarder en avant qu'en arrière, car l'idée qu'il avait été placé comme un chasseur à l'affût qui guette un cerf derrière un buisson, pour ôter la vie au noble comte de Crèvecœur, n'avait rien de flatteur. Il était vrai que les mesures prises par le roi en cette occasion semblaient purement défensives et de précaution; mais comment savait-il s'il ne recevrait pas bientôt des ordres pour quelque expédition offensive du même genre? Ce serait une crise fort désagréable, car il ne pouvait douter, d'après le caractère de son maître, qu'il ne fût perdu, s'il refusait d'obéir, tandis que l'honneur lui disait que l'obéissance, en pareil cas, serait une honte et un crime. Il détourna ses pensées de ce sujet de réflexions, et fit usage de la sage consolation, si souvent adoptée par la jeunesse quand elle aperçoit des dangers en perspective, en songeant qu'il serait temps de réfléchir à ce qu'il devrait faire quand l'occasion s'en présenterait, et que le mal de chaque jour lui suffit (1).

Il fut d'autant plus facile à Quentin de faire usage de cette réflexion, que les derniers ordres du roi lui avaient donné lieu de s'occuper d'idées plus agréables que celles que lui inspirait sa propre situation.

La dame au luth était certainement une des dames auxquelles il devait consacrer son attention, et il se promit bien de se conformer exactement à une partie des instructions qu'il venait de recevoir, et d'écouter avec le plus grand soin chaque mot qui sortirait de ses lèvres, afin de voir si la magie de sa conversation égalait celle de sa musique. Mais ce ne fut pas avec moins de sincérité qu'il prêta intérieurement le serment de ne rapporter au roi, de tout ce qu'il entendrait, que ce qui pourrait lui inspirer des sentimens favorables pour celle à qui il prenait tant d'intérêt.

Cependant, il n'y avait pas de danger qu'il s'endormît de nouveau à son poste. Chaque souffle d'air qui, passant à travers une fenêtre ouverte, agitait la vieille tapisserie, lui paraissait annoncer l'approche de l'objet de son attente. En un mot, il éprouvait cette inquiétude mystérieuse, cette impatience vague qui accompagnent

(1) Expression de l'Écriture : *sufficit cuique diei malicia sua.* — Éd.

toujours l'amour, et qui, quelquefois même, ne contribuent pas peu à le faire naître.

Enfin, une porte s'ouvrit et cria en roulant sur ses gonds; car les portes du quinzième siècle n'exécutaient pas ce mouvement aussi silencieusement que les nôtres.

Mais hélas! ce n'était pas la porte placée à l'extrémité de la galerie où les sons du luth s'étaient fait entendre. Une femme se montra. Elle était accompagnée de deux autres, à qui elle fit signe de ne pas la suivre, et elle entra dans la galerie. A l'inégalité de sa marche, qui n'était que plus sensible dans le vaste appartement où elle s'avançait, Quentin reconnut la princesse Jeanne; et, prenant l'attitude respectueuse qu'exigeait sa situation, il lui rendit les honneurs militaires, quand elle passa devant lui. Elle répondit à cette politesse par une inclination gracieuse, et il eut alors l'occasion de la voir plus distinctement qu'il ne l'avait pu dans la matinée.

Les traits de cette malheureuse princesse n'étaient guère faits pour compenser les défauts de sa taille et de sa marche. Il était vrai que sa figure n'avait rien de désagréable en elle-même, quoiqu'elle fût dépourvue de beauté, et l'on remarquait une expression de douceur, de chagrin et de patience dans ses grands yeux bleus, qu'elle tenait ordinairement baissés. Mais, outre que son teint était naturellement pâle, sa peau avait cette teinte jaunâtre qui annonce une mauvaise santé habituelle; et, quoique ses dents fussent blanches et bien placées, elle avait les lèvres maigres et blafardes. La chevelure de la princesse était d'une nuance blonde fort singulière et tirant presque sur le bleu; et sa femme de chambre, qui regardait sans doute comme une beauté de nombreuses tresses disposées autour d'une figure sans couleurs, les multipliait tellement, qu'au lieu de remédier à ce défaut, elle le rendait plus frappant, et donnait à la physionomie de sa maîtresse une expression qui ne semblait pas appartenir à une habitante de ce monde. Enfin, pour que rien ne manquât au tableau, Jeanne avait choisi une simarre de soie d'un vert pâle, qui achevait de lui donner l'air d'un fantôme ou d'un spectre.

Tandis que Quentin la suivait des yeux avec une curiosité mêlée de compassion, car chaque regard, chaque mouvement de la princesse semblait appeler ce dernier sentiment, la seconde porte s'ouvrit à l'autre extrémité de la galerie, et deux dames entrèrent dans l'appartement.

L'une d'elles était la jeune personne qui, d'après l'ordre de Louis, lui avait apporté des fruits, lors du mémorable déjeuner de Quentin à l'auberge des Fleurs-de-Lis. Investie alors de toute la mystérieuse dignité qui appartenait à la nymphe au voile et au luth, et étant au moins, à ce que pensait Durward, la noble héritière d'un riche comté, sa beauté fit sur lui dix fois plus d'impression que lorsqu'il n'avait vu en elle que la fille d'un misérable aubergiste, servant un vieux bourgeois, riche et fantasque. Il ne concevait pas alors quel étrange enchantement avait pu lui cacher son véritable rang. Cependant son costume était presque aussi simple que lorsqu'il l'avait vue pour la première fois ; car elle ne portait qu'une robe de deuil sans aucun ornement ; sa coiffure ne consistait qu'en un voile de crêpe rejeté en arrière, de manière à laisser son visage à découvert ; et ce ne fut que parce que Quentin connaissait alors sa naissance, qu'il crut trouver une élégance dans sa belle taille, et une dignité dans son maintien, qui ne l'avaient pas frappé auparavant, avec un air de noblesse qui rehaussait des traits réguliers, un teint brillant et des yeux pleins de feu et de vivacité.

Quand la mort aurait dû en être le châtiment, Durward n'aurait pu s'empêcher de lui rendre, ainsi qu'à sa compagne, le même tribut d'honneur qu'il venait de payer à la princesse royale. Elles le reçurent en femmes accoutumées aux témoignages de respect de leurs inférieurs, et y répondirent avec courtoisie; mais Quentin pensa (peut-être n'était-ce qu'une vision de jeunesse) que la plus jeune rougissait un peu, avait les yeux baissés, et semblait éprouver un léger embarras, en lui rendant son salut militaire. Ce ne pouvait être que parce qu'elle se rappelait le téméraire étranger, habitant la tourelle voisine de la sienne à l'auberge des Fleurs-de-Lis; mais était-ce un signe de mécontentement? — question impossible à résoudre.

La compagne de la jeune princesse, vêtue comme elle, fort simplement, et en grand deuil, était arrivée à cet âge où les femmes tiennent le plus à la réputation d'une beauté qui commence à être sur son déclin. Il lui en restait encore assez pour montrer quel avait dû être autrefois le pouvoir de ses charmes; et il était évident, d'après ses manières, qu'elle se souvenait de ses anciennes conquêtes, et qu'elle n'avait pas tout-à-fait renoncé à de nouveaux triomphes. Elle était grande, avait l'air gracieux quoiqu'un peu hautain, et en rendant le salut de Quentin avec un agréable sourire de condescendance, presqu'au même instant elle dit quelques mots à l'oreille de sa jeune compagne, qui se retourna vers le militaire de service, comme pour vérifier quelque remarque qui venait de lui être faite, et à laquelle elle répondit sans lever les yeux. Quentin ne put s'empêcher de soupçonner que l'observation faite à la jeune dame ne lui était pas défavorable, et il fut charmé, je ne sais pourquoi, de l'idée qu'elle n'avait pas levé les yeux sur lui pour en vérifier la justesse. Peut-être pensait-il qu'il commençait déjà à exister entre eux une sorte de sympathie mystérieuse, qui donnait de l'importance à la moindre bagatelle.

Cette réflexion fut bien rapide, car la rencontre de la princesse avec les deux dames étrangères attira bientôt toute son attention. En les voyant entrer, elle s'était arrêtée pour les attendre, probablement parce qu'elle savait que la marche ne lui était pas favorable; et, comme elle semblait éprouver quelque embarras en recevant ou en rendant leur révérence, la plus âgée des deux dames fit la sienne d'un air qui semblait annoncer qu'elle croyait faire plus d'honneur qu'elle n'en recevait.

— Je suis charmée, madame, lui dit-elle avec un sourire de condescendance et d'encouragement, qu'il nous soit enfin permis de jouir de la société d'une personne de notre sexe, aussi respectable que vous le paraissez. Je dois dire que, ma nièce et moi, nous n'avons guère eu à nous louer jusqu'à présent de l'hospitalité du roi Louis. Ne me tirez pas la manche, ma nièce : je suis sûre que je vois dans les yeux de cette jeune dame la compassion que notre situation lui inspire. Depuis notre arrivée, belle dame, nous avons été traitées en prisonnières plutôt qu'autrement; et, après nous avoir fait mille invitations de mettre notre cause et nos personnes sous la protection de la France, le roi très-chrétien ne nous a assigné d'autre résidence qu'une misérable auberge, et ensuite, dans un coin de ce château vermoulu, un appartement dont il ne nous est permis de sortir que vers le coucher du soleil, comme si nous étions des chauve-souris ou des chouettes, dont la présence au grand jour doit être regardée comme de mauvais augure.

— Je suis fâchée, répondit la princesse, plus embarrassée que jamais d'après la tournure que prenait l'entretien, que nous n'ayons pu jusqu'ici vous recevoir comme vous le méritiez. Je me flatte que votre nièce est beaucoup plus satisfaite.

— Beaucoup, beaucoup plus que je ne puis l'exprimer, s'écria la jeune comtesse : je ne cherchais qu'une retraite sûre, et j'ai trouvé solitude et secret. Nous vivions retirées dans notre premier asile; mais notre réclusion est encore plus complète en ce château, ce qui augmente à mes yeux le prix de la protection que le roi daigne accorder à de malheureuses fugitives.

— Silence, ma nièce! dit la tante; vos propos sont inconsidérés. Parlons d'après notre conscience, puisque enfin nous sommes seules avec une personne de notre sexe. Je dis seules, car ce jeune militaire n'est qu'une belle statue, puisqu'il ne paraît pas même avoir l'usage de ses jambes : et d'ailleurs j'ai appris qu'il n'a pas davantage celui de sa langue, du moins pour faire entendre un langage civilisé. Ainsi donc, puisque cette dame seule peut nous entendre, je disais que ce que je regrette le plus au monde, c'est d'avoir entrepris ce voyage en France. Je m'attendais à une réception splendide, à des tournois, à des carrousels, à des fêtes, et nous n'avons eu que réclusion et obscurité. La première société que le roi nous ait procurée a été un Bohémien vagabond, qu'il nous a engagées à employer pour correspondre avec nos amis de Flandre. Peut-être sa politique a-t-elle conçu le projet de nous tenir enfermées ici le reste de nos jours, afin de pouvoir saisir nos domaines, lors de l'extinction de l'ancienne maison de Croye. Le duc de Bourgogne n'a pas été si cruel, car il offrait à ma nièce un mari, bien que ce fût un mauvais mari.

— J'aurais cru le voile préférable à un mauvais mari, dit la princesse trouvant à peine l'occasion de placer un mot.

— On voudrait du moins avoir la liberté du choix, répliqua la dame avec beaucoup de volubilité; Dieu sait que c'est à cause de ma nièce que je parle; car, quant à moi, il y a long-temps que j'ai renoncé à l'idée de changer de condition. Je vous vois sourire, madame; mais c'est la vérité : ce n'est pourtant pas une excuse pour le roi, qui, par sa conduite et sa personne, ressemble au vieux Michaud, changeur à Gand, plutôt qu'à un successeur de Charlemagne.

— Songez, madame, dit la princesse, que vous me parlez de mon père.

— De votre père! répéta la dame bourguignone avec l'accent de la plus grande surprise.

— De mon père, dit la princesse avec dignité; je suis Jeanne de France. Mais ne craignez rien, madame, ajouta-t-elle avec le ton de douceur qui lui était naturel; vous n'aviez pas dessein de m'offenser, et je ne m'offense pas. Disposez de mon crédit pour rendre plus supportable votre exil et celui de cette jeune personne. Hélas! ce crédit est bien faible; mais je vous l'offre de tout mon cœur.

Ce fut avec une révérence profonde et un air de soumission que la comtesse Hameline de Croye (c'était le nom de la plus âgée des deux étrangères) reçut l'offre obligeante de la protection de la princesse. Elle avait long-temps habité les cours; elle y avait acquis toutes les formules d'usage, et elle tenait fortement à ce principe adopté par les courtisans de tous les siècles, que quoiqu'ils puissent chaque jour, dans leurs conversations particulières, blâmer les vices et les folies de leurs maîtres, et se plaindre d'en être oubliés et négligés, cependant jamais un mot semblable ne doit leur échapper en présence du souverain, ou de qui que ce soit de sa famille. Elle fut donc contrariée au dernier point de la méprise qu'elle avait commise en parlant à la fille de Louis d'une manière si contraire à toutes les règles du décorum. Elle se serait épuisée à lui faire des excuses et à lui témoigner tous ses regrets, si la princesse ne l'avait interrompue et un peu tranquillisée, en lui disant avec une douceur qui, dans la bouche d'une fille de France, avait pourtant la force d'un ordre, qu'elle n'avait pas besoin d'en dire davantage par forme d'excuse ou d'explication.

La princesse Jeanne prit alors un fauteuil avec un air de dignité qui lui allait fort bien, et dit aux deux étrangères de s'asseoir à ses côtés, ce que la plus jeune fit avec une timidité respectueuse qui n'avait rien d'emprunté, tandis que sa compagne y mettait une affectation de respect et d'humilité qui aurait pu faire douter de la vérité de ces deux sentimens. Elles s'entretinrent ensemble, mais d'un ton trop bas pour que Quentin pût entendre. Il remarqua seulement que la princesse semblait accorder une attention particulière à la plus jeune, à la plus intéressante des deux dames ; et que, quoique la comtesse Hameline parlât davantage, elle produisait moins d'effet sur Jeanne par ses complimens exagérés, que sa jeune compagne par ses réponses aussi courtes que modestes.

Cette conversation n'avait pas duré un quart d'heure, quand la porte de l'extrémité inférieure de la galerie s'ouvrit tout à coup, et l'on vit entrer un homme enveloppé d'un manteau. Quentin, se rappelant les injonctions du roi, et résolu de ne pas s'exposer une seconde fois au reproche de négligence, s'avança vers lui aussitôt ; et, se plaçant entre lui et les trois dames, il lui commanda de se retirer à l'instant.

— En vertu de quel ordre ? demanda le nouveau venu d'un ton de surprise et de mépris.

— En vertu de l'ordre du roi, répondit Quentin avec fermeté ; et je suis placé ici pour le faire exécuter.

— Il n'est pas applicable à Louis d'Orléans, dit le duc en laissant tomber son manteau.

Le jeune homme hésita un instant : — comment exécuter ses ordres contre le premier prince du sang, qui allait, comme le bruit en courait généralement, être incessamment allié à la propre famille du roi ?

— La volonté de Votre Altesse, dit Quentin, est trop respectable pour moi, pour que j'ose m'y opposer ; mais j'espère que Votre Altesse rendra témoignage que je me suis acquitté de mon devoir autant qu'elle me l'a permis.

— Allez, allez, jeune homme, répondit d'Orléans, personne ne vous blâmera ; et, s'avançant vers la princesse, il l'aborda avec cet air de politesse contrainte qu'il avait toujours en lui parlant.

Il avait dîné, lui dit-il, avec Dunois; et, apprenant qu'il y avait compagnie dans la galerie de Roland, il avait cru pouvoir prendre la liberté de venir l'y joindre.

Une légère rougeur qui se montra sur les joues de la malheureuse Jeanne, et qui, pour le moment, donna à ses traits une apparence de beauté, prouva que le nouveau venu était bien loin de lui être désagréable. Elle le présenta aux deux comtesses de Croye, qui le reçurent avec le respect dû à son rang élevé; et la princesse, lui montrant une chaise, l'invita à prendre part à la conversation.

Le duc répondit galamment qu'il ne pouvait accepter une chaise en pareille compagnie; et, prenant le coussin d'un fauteuil, il le mit aux pieds de la jeune comtesse de Croye, et s'y assit de manière que, sans négliger la princesse, il pouvait donner à sa belle voisine la plus grande partie de son attention.

D'abord cet arrangement parut plaire à la princesse plutôt que l'offenser. Elle sembla même encourager le duc à débiter des galanteries à la belle étrangère, et les regarder comme dictées par l'idée de lui plaire en se rendant agréable à une jeune personne qu'elle paraissait avoir sous sa protection. Mais le duc d'Orléans, quoique accoutumé à soumettre toutes ses facultés au joug de Louis, quand il était en sa présence, avait l'esprit assez élevé pour suivre ses propres inclinations lorsqu'il était délivré de cette contrainte; et, son rang lui permettant de négliger le cérémonial d'usage, et de prendre le ton de la familiarité, les louanges qu'il donna à la beauté de la comtesse Isabelle devinrent si énergiques, et il en fut si prodigue, peut-être parce qu'il avait bu un peu plus de vin que de coutume (car Dunois, avec qui le prince avait dîné, n'était nullement ennemi de Bacchus), qu'enfin il devint tout-à-fait passionné, et parut presque oublier la présence de la princesse.

Le ton complimenteur auquel il se livrait, n'était agréable qu'à une des trois dames qui composaient le cercle ; car la comtesse Hameline entrevoyait déjà dans l'avenir une alliance avec le premier prince du sang de France ; et il faut convenir que la naissance, la beauté, et les domaines considérables de sa nièce n'auraient pas rendu cet événement impossible aux yeux de tout faiseur de projets qui n'aurait pas fait entrer les vues de Louis XI dans le calcul des chances. La jeune comtesse Isabelle écoutait les galanteries du duc avec embarras et contrainte, et jetait de temps en temps un regard suppliant sur la princesse, comme pour la prier de venir à son secours. Mais la sensibilité blessée et la timidité naturelle de Jeanne de France la mettaient hors d'état de faire un effort pour rendre la conversation plus générale ; et enfin, à l'exception de quelques interjections de civilité de la part de la comtesse Hameline, elle fut soutenue presque exclusivement par le duc lui-même, quoique aux dépens d'Isabelle, dont les charmes formaient toujours le sujet de son éloquence inépuisable.

Nous ne devons pas oublier qu'il y avait là un autre témoin, la sentinelle à laquelle personne ne faisait attention, qui voyait ses belles visions s'évanouir, comme la cire fond sous les rayons du soleil, à mesure que le duc paraissait mettre plus de chaleur dans ses discours. Enfin la comtesse Isabelle de Croye se détermina à faire un effort pour couper court à une conversation qui lui devenait d'autant plus insupportable, qu'il était évident que la conduite du duc mortifiait la princesse.

S'adressant donc à Jeanne, elle lui dit avec modestie, mais non sans fermeté, que la première faveur qu'elle réclamait de sa protection, était qu'elle voulût bien tâcher de convaincre le duc d'Orléans que les dames de Bourgogne, sans avoir autant d'esprit et de graces que celles de France, n'étaient pourtant pas assez sottes pour ne goûter d'autre conversation que celles qui ne consistaient qu'en complimens extravagans.

— Je suis fâché, madame, dit le duc, prenant la parole avant que la princesse eût pu répondre, que vous fassiez en même temps la satire de la beauté des dames de Bourgogne et de la véracité des chevaliers de France. Si nous sommes extravagans et prompts à exprimer notre admiration, c'est parce que nous aimons comme nous combattons, sans abandonner notre cœur à de froides délibérations; et nous nous rendons à la beauté aussi promptement que nous triomphons de la valeur.

— La beauté de nos concitoyennes, répondit la jeune comtesse avec une fierté dédaigneuse dont elle n'avait pas encore osé s'armer, méprise un tel triomphe, et la valeur de nos chevaliers est incapable de le céder.

— Je respecte votre patriotisme, comtesse, répliqua le duc, et je ne combattrai pas la dernière partie de votre argument, jusqu'à ce qu'un chevalier bourguignon se présente pour le soutenir, la lance en arrêt. Mais, quant à l'injustice que vous faites aux charmes que produit votre pays, c'est à vous-même que j'en appelle. Regardez là, ajouta-t-il en lui montrant une grande glace, présent fait au roi par la république de Venise, car c'était alors un objet de luxe aussi rare qu'il était cher; regardez là, et dites-moi quel est le cœur qui pourrait résister aux charmes qu'on y voit.

La princesse, accablée par l'entier oubli que faisait d'elle celui qui devait être son époux, tomba renversée sur sa chaise, en poussant un soupir qui rappela le duc du pays des chimères, et qui engagea la comtesse Hameline à lui demander si elle se trouvait indisposée.

— J'ai éprouvé tout à coup une violente douleur à la tête, répondit la princesse; mais je sens qu'elle se passe.

Sa pâleur croissante démentait ses paroles; et la comtesse Hameline, craignant qu'elle ne s'évanouît, s'empressa d'appeler du secours.

Le duc, se mordant les lèvres et maudissant la folie qui l'empêchait de mieux surveiller sa langue, courut chercher les dames de la princesse, qui étaient dans l'appartement voisin. Elles accoururent à la hâte; et, pendant qu'elles prodiguaient à leur maîtresse les secours usités en pareils cas, il ne put se dispenser, en cavalier galant, d'aider à la soutenir et de partager les soins qu'on lui rendait. Sa voix, devenue presque tendre par suite de la compassion qu'il éprouvait, et des reproches qu'il se faisait, contribua plus que toute autre chose à la rappeler à elle; et au même instant le roi entra dans la galerie.

CHAPITRE XII.

LE POLITIQUE.

> « C'est un grand politique, et qui serait capable
> » En mainte occasion, d'en remontrer au diable ;
> » Et, soit dit sans manquer au rusé tentateur,
> » Dans l'art de tenter l'homme il est passé docteur. »
>
> *Ancienne comédie.*

En entrant dans la galerie, Louis fronça ses sombres sourcils de la manière que nous avons dit lui être particulière, et jeta un regard rapide autour de lui. Ses yeux, comme Quentin raconta depuis, se rapetissèrent tellement, et devinrent si vifs et si perçans, qu'ils ressemblaient à ceux d'une vipère qu'on aperçoit à travers la touffe de bruyère sous laquelle ses replis sont cachés.

Quand ce regard, aussi rapide que pénétrant, eut fait reconnaître au roi la cause du tumulte qui régnait dans l'appartement, il s'adressa d'abord au duc d'Orléans.

— Vous ici, beau cousin ! s'écria-t-il ; et, se tournant vers Quentin, il lui dit d'un ton sévère : — Est-ce ainsi que vous exécutez mes ordres ?

— Pardonnez à ce jeune homme, Sire, dit le duc, il n'a pas négligé son devoir ; mais, comme j'avais appris que la princesse était ici...

— Rien ne pouvait vous empêcher de venir lui faire votre cour, ajouta le roi dont l'hypocrisie détestable persistait à représenter le duc comme partageant une passion qui n'existait que dans le cœur de sa malheureuse fille. — Et c'est ainsi que vous débauchez les sentinelles de ma garde ? Mais que ne pardonne-t-on pas à un galant chevalier qui ne vit que *par amour !*

Le duc d'Orléans leva la tête comme s'il eût voulu répondre de manière à relever l'opinion du roi à ce sujet, mais le respect d'instinct qu'il éprouvait pour Louis, ou plutôt la crainte dans laquelle il avait été élevé depuis son enfance, lui enchaînèrent la voix.

— Et Jeanne a été indisposée ? dit le roi. Ne vous chagrinez pas, Louis, cela se passera bientôt. Donnez-lui le bras pour la reconduire dans son appartement, et j'accompagnerai ces dames jusqu'au leur.

Cet avis fut donné d'un ton qui équivalait à un ordre, et le duc sortit avec la princesse par une des extrémités de la galerie, tandis que le roi, ôtant le gant de sa main droite, conduisait galamment la comtesse Isabelle et sa parente vers leur appartement, qui était situé à l'autre. Il les salua profondément lorsqu'elles y entrèrent, resta environ une minute devant la porte quand elles eurent disparu ; et, la fermant alors avec beaucoup de sang-froid, il fit le double tour, ôta de la serrure une grosse clef, et la passa dans sa ceinture, ce qui lui donnait plus de ressemblance que jamais à un vieil avare qui ne peut vivre tranquille s'il ne porte pas sur lui la clef de son coffre-fort.

D'un pas lent, d'un air pensif et les yeux baissés, Louis s'avança alors vers Durward, qui, s'attendant à supporter sa part du mécontentement du roi, ne le vit pas s'approcher sans inquiétude.

— Tu as eu tort, dit le roi en levant les yeux et les fixant sur Quentin quand il en fut à deux ou trois pas, tu as mal agi, et tu mérites la mort. Ne dis pas un mot pour te défendre. Qu'avais-tu à t'inquiéter de ducs et de princesses? devais-tu considérer autre chose que mes ordres?

— Mais que pouvais-je faire? Sire, demanda le jeune soldat.

— Ce que tu pouvais faire, quand on forçait ton poste? répondit le roi d'un ton de mépris; à quoi sert donc l'arme que tu portes sur l'épaule? Tu devais en présenter le bout au présomptueux rebelle; et s'il ne se retirait pas à l'instant, l'étendre mort sur la place. Retire-toi; passe par cette porte, tu descendras par un grand escalier qui est dans le premier appartement; il te conduira dans la cour intérieure où tu trouveras Olivier le Dain; tu me l'enverras: après quoi retourne à ta caserne. Si tu fais quelque cas de la vie, songe qu'il faut que ta langue ne soit pas aussi prompte que ton bras a été lent aujourd'hui.

Charmé d'en être quitte à si bon marché, mais révolté de la froide cruauté que le roi semblait exiger de lui dans l'exécution de ses devoirs, Durward fit ce que Louis venait de lui commander, et communiqua à Olivier les ordres de son maître. L'astucieux barbier salua, soupira, sourit, souhaita le bonsoir au jeune homme d'une voix encore plus mielleuse que de coutume, et ils se séparèrent, Quentin pour retourner à sa caserne, et Olivier pour aller trouver le roi.

Il se trouve ici malheureusement une lacune dans les mémoires dont nous nous sommes principalement servis pour rédiger cette histoire véritable ; car, ayant été composés en grande partie sur les renseignemens donnés par Quentin Durward, ils ne contiennent aucun détail sur l'entrevue qui eut lieu, en son absence, entre le roi et son conseiller secret. Par bonheur la bibliothèque du château de Haut-Lieu contenait un manuscrit de la *Chronique scandaleuse* (1) de Jean de Troyes, beaucoup plus ample que celui qui a été imprimé ; et auquel ont été ajoutées plusieurs notes curieuses que nous sommes portés à regarder comme ayant été écrites par Olivier lui-même après la mort de son maître, avant qu'il eût le bonheur d'être gratifié de la hart qu'il avait si bien méritée. C'est dans cette source que nous avons puisé un compte très-circonstancié de l'entretien qu'il eut avec Louis en cette occasion, et qui jette sur la politique de ce prince un jour que nous aurions inutilement cherché ailleurs.

Lorsque le favori barbier arriva dans la galerie de Roland, il y trouva le roi assis d'un air pensif sur la chaise que sa fille venait de quitter. Connaissant parfaitement le caractère de son maître, il s'avança sans bruit,

---

(1) La Chronique de Jean de Troyes, telle du moins que nous l'avons aujourd'hui, n'a de *scandaleux* que son titre. Cependant Brantôme rapporte que François Ier en possédait un exemplaire plus complet, et semblable sans doute à celui que l'auteur écossais se vante d'avoir trouvé dans le château de Haut-Lieu. — Éd.

suivant sa coutume, jusqu'à ce qu'il eût trouvé la ligne du rayon visuel du roi, après quoi il recula modestement, et attendit qu'il lui fût donné l'ordre de parler ou d'écouter. Le premier mot que lui adressa Louis annonçait de l'humeur.

— Et bien ! Olivier, voilà vos beaux projets qui s'évanouissent, comme la neige fond sous le vent du sud! Plaise à Notre-Dame d'Embrun qu'ils ne ressemblent pas à ces avalanches dont les paysans suisses content tant d'histoires, et qu'ils ne nous tombent pas sur la tête !

— J'ai appris avec regret que tout ne va pas bien, Sire, répondit Olivier.

— Ne va pas bien ! s'écria le roi en se levant et en parcourant la galerie à grands pas ; tout va mal, presque aussi mal qu'il est possible ; et voilà le résultat de tes avis romanesques. Était-ce à moi à m'ériger en protecteur des damoiselles éplorées ? Je te dis que le Bourguignon prend les armes, et qu'il est à la veille de contracter alliance avec l'Anglais. Édouard, qui n'a rien à faire maintenant dans son pays, nous fera pleuvoir des milliers d'hommes par cette malheureuse porte de Calais. Pris séparément, je pourrais les cajoler ou les défier, mais réunis, réunis !..... et avec le mécontentement et la trahison de ce scélérat de Saint-Pol ! C'est ta faute, Olivier : c'est toi qui m'as conseillé de recevoir ici ces deux femmes, et d'employer ce maudit Bohémien pour porter leurs messages à leurs vassaux.

— Vous connaissez mes motifs, Sire. Les domaines de la comtesse sont situés entre les frontières de la Bourgogne et celles de la Flandre. Son château est presque imprenable ; et elle a de tels droits sur les domaines voisins, que, s'ils étaient convenablement soutenus, ils donneraient du fil à retordre au Bourguignon. Il faudrait seulement qu'elle eût pour époux un homme bien disposé pour la France.

— C'est un appât fait pour tenter, Olivier, j'en conviens; et, si nous avions pu cacher qu'elle était ici, il nous aurait été possible d'arranger un mariage de ce genre pour cette riche héritière. Mais ce maudit Bohémien! comment as-tu pu me recommander de confier à ce chien de païen une mission qui exigeait de la fidélité?

— Votre Majesté voudra bien se rappeler que c'est elle-même qui lui a accordé trop de confiance, et beaucoup plus que je ne l'aurais voulu. Il aurait porté fidèlement une lettre de la comtesse à son parent pour lui dire de tenir bon dans son château, et lui promettre de prompts secours; mais Votre Majesté a voulu mettre à l'épreuve sa science prophétique, et lui a fait connaître ainsi des secrets qui valaient la peine d'être trahis.

— J'en suis honteux, Olivier, j'en suis honteux. Et cependant on dit que ces païens descendent des sages Chaldéens, qui ont appris les mystères des astres dans les plaines de Shinar.

Sachant fort bien que son maître, malgré toute sa pénétration et sa sagacité, était d'autant plus porté à se laisser tromper par les devins, les astrologues, et toute cette race d'adeptes prétendus, qu'il croyait avoir lui-même quelque connaissance dans ces sciences occultes, Olivier n'osa insister davantage sur ce point, et se contenta d'observer que le Bohémien avait été mauvais prophète en ce qui le concernait lui-même, sans quoi il se serait bien gardé de revenir à Tours pour y chercher la potence qu'il méritait.

— Il arrive souvent, répondit Louis avec beaucoup de gravité, que ceux qui sont doués de la science prophétique n'ont pas le pouvoir de prévoir les événemens qui les intéressent personnellement.

— Avec la permission de Votre Majesté, c'est comme si l'on disait qu'un homme ne peut voir son bras à la lumière d'une chandelle qu'il tient à la main, et qui lui montre tous les autres objets de l'appartement.

— La lumière qui lui montre le visage des autres ne peut lui faire apercevoir le sien, et cet exemple est ce qui prouve le mieux ce que je disais. Mais ce n'est pas ce dont il s'agit en ce moment. Le Bohémien a été payé de ses peines; que la paix soit avec lui. Mais ces deux dames? non-seulement le Bourguignon nous menace d'une guerre, parce que nous leur accordons un asile; mais leur présence ici paraît même dangereuse pour mes projets à l'égard de ma propre famille. Mon cousin d'Orléans, simple qu'il est, a vu cette demoiselle, et je prédis que cette vue le rendra moins souple relativement à son mariage avec Jeanne.

— Votre Majesté peut renvoyer les comtesses de Croye au duc de Bourgogne, et acheter la paix à ce prix. Certaines gens pourront penser que c'est sacrifier l'honneur de la couronne; mais si la nécessité exige ce sacrifice.....

— Si ce sacrifice devait être profitable, Olivier, je le ferais sans hésiter. Je suis un vieux saumon; j'ai acquis de l'expérience, et je ne mords point à l'hameçon du pêcheur parce qu'il est amorcé de cet appât qu'on nomme honneur. Mais ce qui est pire qu'un manque d'honneur, c'est qu'en rendant ces dames au Bourguignon nous perdrions l'espoir avantageux qui nous a déterminés à leur donner un asile. Ce serait un crève-cœur de renoncer à établir un ami de notre couronne, un ennemi du duc de Bourgogne, dans le centre même de ses domaines, si près des villes mécontentes de la Flandre. Non, Olivier, nous ne pouvons renoncer aux avantages que semble nous présenter notre projet de marier cette jeune comtesse à quelque ami de notre maison.

—Votre Majesté, dit Olivier après un moment de réflexion, pourrait accorder sa main à quelque ami digne de confiance, qui prendrait tout le blâme sur lui, et qui vous servirait secrètement, tandis que vous pourriez le désavouer en public.

— Et où trouver un tel ami? Si je la donnais à un de nos nobles mutins et intraitables, ne serait-ce pas le rendre indépendant? Et n'est-ce pas ce que ma politique a cherché à éviter depuis bien des années? Dunois, à la vérité..... oui, c'est à lui, à lui seul que je pourrais me fier. Il combattrait pour la couronne de France, quelle que fût sa situation. Et cependant les richesses et les honneurs changent le caractère des hommes. Non, je ne me fierai pas même à Dunois.

—Votre Majesté peut en trouver un autre, dit Olivier d'un ton encore plus mielleux et plus insinuant que celui qu'il était habitué de prendre en conversant avec le roi, qui déjà lui accordait beaucoup de liberté : — vous pourriez lui donner un homme dépendant entièrement de vos bonnes graces et de votre faveur, et qui ne pourrait pas plus exister sans votre appui, que s'il était privé d'air et de soleil, un homme plus recommandable par la tête que par le bras ; un homme.....

— Un homme comme toi, n'est-ce pas? Ha! ha! ha!

Non, Olivier, sur ma foi ! cette flèche est un peu trop hasardée. Quoi ! parce que je t'accorde ma confiance et que, pour récompense, je te laisse de temps en temps tondre mes sujets d'un peu près, tu t'imagines pouvoir aspirer à épouser une pareille beauté, et à devenir en outre un comte de la première classe ! toi ! toi, dis-je, sans naissance, sans éducation, dont la prudence est une sorte d'astuce, dont le courage est plus que douteux ?

— Votre Majesté m'impute une présomption dont je ne suis pas coupable, Sire.

— J'en suis charmé, et, puisque tu désavoues un rêve si absurde, j'en ai meilleure opinion de ton jugement ; cependant il me semble que tes propos te conduisaient à toucher cette corde. Mais, pour en revenir à ce que je disais, je n'ose la renvoyer en Bourgogne ; je n'ose marier cette belle comtesse à aucun de mes sujets ; je n'ose la faire passer ni en Angleterre ni en Allemagne, parce qu'il est vraisemblable qu'elle y deviendrait la proie d'un homme qui serait plus porté à s'unir à la Bourgogne qu'à la France ; qui serait plus disposé à réduire les honnêtes mécontens de Gand et de Liège, qu'à leur accorder une force suffisante pour donner à la valeur de Charles-le-Téméraire assez d'occupation sans l'obliger de sortir de ses domaines. Ils étaient si mûrs pour une insurrection ! Les Liégeois surtout ! Bien échauffés et bien appuyés, ils tailleraient seuls de la besogne à mon beau cousin pour plus d'un an. Que serait-ce, soutenus par un belliqueux comte de Croye ?... Non, Olivier, ton plan offre trop d'avantages pour y renoncer sans faire quelques efforts ; creuse dans ton cerveau fertile ; ne peux-tu rien imaginer ?

Olivier garda le silence assez long-temps, et répondit enfin : — Ne serait-il pas possible de faire réussir un mariage entre Isabelle de Croye et le jeune Adolphe, duc de Gueldres?

— Quoi! s'écria le roi d'un air de surprise, la sacrifier, une créature si aimable, à un furieux, à un misérable qui a déposé, empoisonné et menacé plusieurs fois d'assassiner son propre père? Non, Olivier, non! ce serait une cruauté trop atroce, même pour vous ou pour moi qui marchons d'un pas ferme vers notre excellent but, la paix et le bonheur de la France, sans nous inquiéter beaucoup des moyens qui peuvent y conduire. D'ailleurs, le duc est à trop de distance de nous; il est détesté des habitans de Gand et de Liège. Non, non! je ne veux pas de ton Adolphe de Gueldres, pense à quelque autre mari pour la comtesse.

— Mon imagination est épuisée, Sire; elle ne m'offre personne qui, comme mari d'Isabelle de Croye, me semble en état de répondre aux vues de Votre Majesté. Il faut qu'il réunisse tant de qualités différentes! Ami de Votre Majesté; ennemi de la Bourgogne; assez politique pour se concilier les Gantois et les Liégeois; assez brave pour défendre ses petits domaines contre la puissance du duc Charles; de noble naissance, car Votre Majesté insiste sur ce point; et, par-dessus le marché, d'un caractère vertueux et excellent!

— Je n'ai pas appuyé sur le caractère, Olivier, c'est-à-dire pas si fortement; mais il me semble qu'il ne faut pas que l'époux d'Isabelle de Croye soit aussi publiquement, aussi généralement détesté qu'Adolphe de Gueldres. Par exemple, puisqu'il faut que je cherche moi-même quelqu'un, pourquoi pas Guillaume de la Marck?

— Sur ma foi, Sire, je ne puis me plaindre que vous exigiez une trop grande perfection morale dans l'heureux époux de la jeune comtesse, si le Sanglier des Ardennes vous paraît pouvoir lui convenir. De la Marck ! il est notoire que c'est le plus grand brigand, le plus féroce meurtrier de toutes nos frontières ; il a été excommunié par le pape à cause de mille crimes.

— Nous obtiendrons son absolution, ami Olivier : l'Église est miséricordieuse.

— C'est presque un proscrit ; il a été mis au ban de l'Empire par la diète de Ratisbonne.

— Nous ferons révoquer cette sentence, ami Olivier : la diète entendra raison.

— Et en admettant qu'il soit de noble naissance, il a les manières, le visage, les airs et le cœur d'un boucher flamand ; jamais elle n'en voudra.

— Si je ne me trompe pas, Olivier, sa manière de faire la cour rendra difficile de le refuser.

— J'avais en vérité grand tort, Sire, quand j'accusais Votre Majesté d'avoir trop de scrupules. Sur mon ame, les crimes d'Adolphe sont des vertus auprès de ceux de Guillaume de la Marck ; et comment se rencontrera-t-il avec sa future épouse ? Votre Majesté sait qu'il n'ose se montrer hors de sa forêt des Ardennes.

— C'est à quoi il s'agit de songer. D'abord, il faut informer ces deux dames en particulier qu'elles ne peuvent rester plus long-temps en cette cour, sans occasioner une rupture entre la France et la Bourgogne, et que, ne voulant pas les remettre entre les mains de notre beau cousin, nous désirons qu'elles quittent secrètement nos domaines.

— Elles demanderont à être envoyées en Angleterre,

et nous les en verrons revenir avec un lord de cette île, à figure ronde, à longs cheveux bruns, suivi de trois mille archers.

— Non! non! nous n'oserions, vous me comprenez, offenser notre beau cousin de Bourgogne au point de leur permettre de passer en Angleterre : ce serait une cause de guerre aussi certaine que si nous les gardions ici. Non! non! ce n'est qu'aux soins de l'Église que je puis confier la jeune comtesse. Tout ce que je puis faire, c'est de fermer les yeux sur le départ des comtesses Hameline et Isabelle, déguisées et suivies d'une petite escorte, pour aller se réfugier chez l'évêque de Liège, qui placera pour quelque temps la belle comtesse sous la sauvegarde d'un couvent.

— Et si ce couvent peut lui servir d'abri contre Guillaume de la Marck, quand il connaîtra les intentions favorables de Votre Majesté, je me trompe fort sur son compte.

— Il est vrai que, grace au secours d'argent que je lui fournis en secret, de la Marck a rassemblé autour de lui une jolie troupe de soldats aussi peu scrupuleux que bandits le furent jamais; et par leur aide il parvient à se maintenir dans ses bois de manière à se rendre formidable, tant au duc de Bourgogne qu'à l'évêque de Liège. Il ne lui manque que quelque territoire dont il puisse se dire le maître; et trouvant une si belle occasion d'en acquérir par un mariage, je crois, Pâques-Dieu! qu'il saura la saisir sans que j'aie besoin de l'en presser bien fortement. Le duc de Bourgogne aura alors dans le flanc une épine qu'aucun chirurgien ne pourra en extirper de notre temps. Quand le Sanglier des Ardennes, déjà proscrit par Charles, se trouvera fortifié par la posses-

3.

sion des terres, châteaux et seigneuries de cette belle dame; quand peut-être les Liégeois mécontens se décideront à le prendre pour chef et pour capitaine, que le duc alors pense à faire la guerre à la France quand il le voudra; ou plutôt qu'il bénisse son étoile si la France ne la lui déclare pas. Eh bien! comment trouves-tu ce plan, Olivier?

— Admirable, Sire! sauf la sentence qui adjuge cette pauvre dame au Sanglier des Ardennes. Par la sainte Vierge, s'il était un peu plus galant, Tristan l'Ermite, le grand prévôt, lui conviendrait mieux.

— Et tout à l'heure tu proposais maître Olivier le barbier. Mais l'ami Olivier et le compère Tristan, quoique excellens pour le conseil et l'exécution, ne sont pas de l'étoffe dont on fait des comtes. Ne sais-tu pas que les bourgeois de Flandre estiment la naissance dans les autres, précisément parce qu'ils n'ont pas eux-mêmes cet avantage. Des plébéiens insurgés désirent toujours un chef pris dans l'aristocratie. Voyez en Angleterre : Ked, ou Cade (1), (comment l'appelez-vous?) cherchait

(1) Telle n'avait pas été cependant la forme de l'insurrection des vilains en France, à l'époque de la Jacquerie. De même en Angleterre l'*égalité* avait été le mot d'ordre de Wat-Tyler et de ses partisans en 1381. L'insurrection de Jack Cade, en 1448, était bien encore une insurrection populaire; mais à cette époque les factions aristocratiques avaient en quelque sorte usurpé le privilège des insurrections. Les vilains, dans les excès de leur résistance contre l'oppression, s'étaient habitués à voir marcher à leur tête un rebelle titré : une bannière de noble parlait aussi plus vivement à l'imagination des hommes d'armes. Voilà sans doute une partie des motifs qui déterminèrent Jack Cade à se donner pour un prince de la famille royale d'Angleterre. Mais il est vrai de dire que cette insurrection, comme celle de Wat-Tyler, fut une réaction contre les vexations et les injustices de l'aristocratie. — Éd.

à rallier toute la canaille autour de lui en se prétendant issu du sang des Mortimers. Le sang des princes de Nassau coule dans les veines de Guillaume de la Marck. Maintenant songeons aux affaires. Il faut que je détermine les comtesses de Croye à partir secrètement et promptement avec une escorte sûre. Cela sera facile. Il n'est besoin que de leur donner à entendre qu'elles n'ont pas d'autre alternative à choisir, si elles ne veulent pas être livrées au Bourguignon. Il faut que tu trouves le moyen d'informer Guillaume de la Marck de leurs mouvemens, et ce sera à lui à choisir le temps et le lieu convenable pour se faire épouser. J'ai fait choix de quelqu'un pour les accompagner.

— Puis-je demander à Votre Majesté à qui elle a dessein de confier une mission si importante?

— A un étranger, bien certainement; à un homme qui n'a en France ni parentage, ni intérêts qui puissent intervenir dans l'exécution de mes ordres, et qui connaît trop peu le pays et les diverses factions, pour soupçonner de mes intentions plus que je n'ai dessein de lui en apprendre. En un mot, j'ai dessein de charger de cette mission le jeune Écossais qui vient de t'avertir de te rendre ici.

Olivier garda le silence quelques instans, d'un air qui semblait annoncer quelque doute de la prudence d'un tel choix.

— Votre Majesté, dit-il enfin, n'est pas dans l'usage d'accorder si promptement sa confiance à un étranger.

— J'ai mes raisons, répondit le roi. Tu connais ma dévotion pour le bienheureux saint Julien, — et il fit le signe de la croix en prononçant ces paroles. — Je lui avais dit mes oraisons l'avant-dernière nuit, et je l'avais humblement supplié d'augmenter ma maison de quelques-uns de ces braves étrangers qui courent le monde, et si nécessaires pour établir dans tout notre royaume une soumission sans bornes à nos volontés; faisant vœu, en retour, de les accueillir, de les protéger et de les récompenser en son nom.

— Et saint Julien, dit Olivier, a-t-il envoyé à Votre Majesté ces deux longues jambes d'Écosse, en réponse à vos prières?

Quoique le barbier connût la faiblesse du roi, qu'il sût que son maître avait autant de superstition qu'il avait lui-même peu de religion, que rien n'était plus facile que de l'offenser sur un pareil sujet, et qu'en conséquence il eût eu grand soin de faire cette question du ton le plus simple et le moins ironique, Louis n'en sentit pas moins le sarcasme, et il lança sur Olivier un regard de courroux.

— Maraud! s'écria-t-il, on a raison de t'appeler Olivier-le-Diable, toi qui oses te jouer ainsi de ton maître et des bienheureux saints. Je te dis que, si tu m'étais moins nécessaire, je te ferais pendre au vieux chêne en face du château, pour servir d'exemple à ceux qui se raillent des choses saintes. Apprends, misérable infidèle, que je n'eus pas plus tôt les yeux fermés, que le bienheureux saint Julien m'apparut, tenant par la main un jeune homme qu'il me présenta en me disant que son destin était d'échapper au fer, à l'eau et à la corde; qu'il porterait bonheur au parti qu'il embrasserait, et qu'il réussirait dans ce qu'il entreprendrait. Je sortis le lendemain matin, et je rencontrai ce jeune Écossais. Dans son pays, il avait échappé au fer au milieu du massacre de toute sa famille; et ici, dans l'espace d'un seul jour, un double miracle l'a sauvé de l'eau et de la corde. Déjà, dans une occasion particulière, comme je te l'ai donné à entendre, il m'a rendu un service important. Je le reçois donc comme m'étant envoyé par saint Julien, pour me servir dans les entreprises les plus difficiles, les plus périlleuses, et même les plus désespérées.

En finissant de parler, le roi ôta son chapeau, et ayant choisi, parmi les petites figures de plomb qui en garnissaient le tour, celle qui représentait saint Julien, il plaça son chapeau sur une table, en tournant de son côté l'image du saint, et s'agenouillant devant elle, comme il le faisait souvent quand il était agité par la crainte ou l'espérance, ou peut-être tourmenté par les remords, il murmura à demi-voix, avec un air de profonde dévotion : *Sancte Juliane, adsis precibus nostris, ora, ora pro nobis* (1).

C'était un de ces accès de piété superstitieuse dont Louis était pris dans des circonstances si extraordinaires qu'elles auraient pu faire passer un des monarques les plus remplis de sagacité qui aient jamais régné, pour un homme privé de raison, ou du moins dont l'esprit était troublé par le remords de quelque grand crime.

Tandis qu'il était ainsi occupé, son favori le regardait avec une expression de sarcasme et de mépris qu'il cherchait à peine à cacher. Une des particularités de cet homme était que, dans toutes ses relations avec son maître, il se dépouillait de cette affectation mielleuse d'humilité qui distinguait sa conduite envers les autres ; et, s'il conservait encore alors quelque ressemblance

---

(1) Saint Julien, soyez favorable à nos prières, et priez, priez pour nous. — Tr.

avec le chat, c'était lorsque cet animal est sur ses gardes, vigilant, animé, prêt à bondir au premier besoin. La cause de ce changement venait sans doute de ce qu'Olivier savait parfaitement que Louis était trop profondément hypocrite lui-même pour ne pas voir à travers l'hypocrisie des autres.

—Les traits de ce jeune homme, s'il m'est permis de parler, dit Olivier, sont donc semblables à ceux de l'inconnu que vous avez vu en songe?

—Très-ressemblans, on ne peut davantage, répondit le roi, qui, comme la plupart des gens superstitieux, souffrait souvent que son imagination lui en imposât. D'ailleurs, j'ai fait tirer son horoscope par Galeotti Martivalle, et j'ai appris positivement, autant par son art que par mes propres observations, que, sous bien des rapports, la destinée de ce jeune homme, sans amis, est soumise aux mêmes constellations que la mienne.

Quoi qu'Olivier pût penser des motifs que le roi assignait si hardiment à la préférence qu'il accordait à un jeune homme sans expérience, il n'osa pas faire d'autres objections, sachant bien que Louis, qui pendant son exil avait étudié avec grand soin la prétendue science de l'astrologie, ne serait pas d'humeur à écouter aucune raillerie tendant à rabaisser ses connaissances. Il se borna donc à répondre qu'il espérait que le jeune homme remplirait fidèlement une tâche si délicate.

—Nous prendrons des mesures pour qu'il ne puisse le faire autrement, dit Louis. Tout ce qu'il saura, c'est qu'il est chargé d'escorter les deux comtesses jusqu'à la résidence de l'évêque de Liège. Il ne sera pas plus instruit qu'elles ne le seront elles-mêmes de l'intervention probable de Guillaume de la Marck. Personne ne connaîtra ce secret que le guide ; et il faut donc que Tristan ou toi vous nous en trouviez un convenable à nos projets.

— Mais en ce cas, répliqua Olivier, et à en juger d'après son air et son pays, il est probable que ce jeune homme sautera sur ses armes dès qu'il verra le Sanglier des Ardennes attaquer ces dames, et il est possible qu'il ne se tire pas d'affaire aussi heureusement qu'il s'en est tiré ce matin.

— S'il périt, dit Louis avec sang-froid, le bienheureux saint Julien m'en enverra un autre en sa place. Que le messager soit tué quand il a rempli sa mission, ou que le flacon soit brisé quand le vin est bu, c'est la même chose. Mais il faut accélérer le départ de ces dames, et persuader ensuite au comte de Crèvecœur qu'il a eu lieu sans notre connivence, attendu que nous désirions les remettre en la garde de notre beau cousin ; ce que leur fuite soudaine nous a empêché de faire.

— Le comte peut-être est trop clairvoyant, et son maître trop prévenu contre Votre Majesté, pour qu'ils puissent le croire.

— Sainte Mère de Dieu ! Quelle incrédulité ce serait pour des chrétiens ! Mais il faudra qu'ils nous croient, Olivier. Nous mettrons dans toute notre conduite envers notre beau cousin de Bourgogne une confiance si entière et si illimitée, que, pour ne pas croire à notre sincérité à son égard, sous tous les rapports, il faudrait qu'il fût pire qu'un infidèle. Je te dis que je suis si convaincu que je puis donner à Charles de Bourgogne telle opinion de moi que je le voudrais, que, s'il le fallait, pour dissiper tous ses doutes, j'irais, sans armes, monté sur un palefroi, le visiter sous sa tente, sans autre garde que toi seul, l'ami Olivier.

—Et moi, Sire; quoique je ne me pique pas de manier l'acier sous aucune autre forme que celle d'un rasoir, je chargerais un bataillon de Suisses armés de piques, plutôt que d'accompagner Votre Majesté dans une semblable visite d'amitié rendue à Charles de Bourgogne, quand il a tant de motifs pour être bien assuré que le cœur de Votre Majesté nourrit de l'inimitié contre lui.

—Tu es un fou, Olivier, avec toutes tes prétentions à la sagesse; et tu ne sais pas qu'une politique profonde doit quelquefois prendre le masque d'une extrême simplicité, de même que le courage se cache parfois sous l'apparence d'une timidité modeste. Si les circonstances l'exigeaient, je ferais bien certainement ce que je viens de te dire; les saints bénissant nos projets, et les constellations célestes amenant dans leur cours une conjonction favorable à cette entreprise.

Ce fut en ces termes que Louis XI donna la première idée de la résolution extraordinaire qu'il exécuta par la suite, dans l'espoir de duper son rival, et qui faillit le perdre lui-même.

En quittant son conseiller, il se rendit dans l'appartement des comtesses de Croye. Il n'eut pas besoin de faire de grands efforts pour les persuader de quitter la cour de France dès qu'il leur eut fait entendre qu'il serait possible qu'elles n'y trouvassent pas une protection assurée contre le duc de Bourgogne; sa simple permission aurait suffi; mais il ne lui fut pas si facile de les déterminer à prendre Liège pour le lieu de leur retraite. Elles lui demandèrent et le supplièrent de les envoyer en Bretagne ou à Calais, où, sous la protection du duc de Bretagne ou du roi d'Angleterre, elles pourraient rester en sûreté jusqu'à ce que le duc de Bourgogne se montrât moins rigoureux à leur égard. Mais aucun de ces lieux de sûreté ne convenait aux plans de Louis, et il réussit enfin à leur faire adopter celui qui favorisait l'exécution de ses projets.

On ne pouvait mettre en doute le pouvoir qu'avait l'évêque de Liège de les défendre, puisque sa dignité d'ecclésiastique lui donnait les moyens de les protéger contre tous les princes chrétiens, et que, d'une autre part, ses forces, comme prince séculier, si elles n'étaient pas considérables, suffisaient au moins pour défendre sa personne et ceux qu'il prenait sous sa protection, contre toute violence soudaine. La difficulté était de parvenir sans risque jusqu'à la petite cour de l'évêque; mais Louis promit d'y pourvoir en faisant répandre le bruit que les dames de Croye s'étaient échappées de Tours pendant la nuit, de crainte d'être livrées entre les mains de l'envoyé bourguignon, et qu'elles avaient pris la fuite vers la Bretagne. Il leur promit aussi de leur donner une petite escorte sur la fidélité de laquelle elles pourraient compter, et des lettres pour enjoindre aux commandans des villes et forteresses par où elles devaient passer, de leur donner, par tous les moyens possibles, assistance et protection pendant leur voyage.

Les dames de Croye, quoique intérieurement mécontentes de la manière discourtoise et peu généreuse dont Louis les privait de l'asile qu'il leur avait promis à sa cour, furent si loin de faire la moindre objection à ce départ précipité, qu'elles allèrent au-devant de ses désirs en le priant de les autoriser à partir cette nuit même. La comtesse Hameline était déjà lasse d'une cour où il n'y avait ni fêtes pour y briller, ni courtisans pour l'admirer ; et la comtesse Isabelle pensait qu'elle en avait vu assez pour conclure que, si la tentation devenait un peu plus forte, Louis XI, peu content de les renvoyer de sa cour, ne se ferait pas un scrupule de la livrer à son suzerain irrité, le duc de Bourgogne. Leur résolution satisfit d'autant plus le roi, qu'il désirait maintenir la paix avec le duc Charles, et qu'il craignait que la présence d'Isabelle ne devînt un obstacle à l'exécution de son plan favori de donner la main de sa fille Jeanne à son cousin d'Orléans.

CHAPITRE XIII.

L'ASTROLOGUE.

« Vous me parlez de rois, quelle comparaison !
» Je suis au-dessus d'eux, puisque je suis un Sage.
» Sur tous les élémens je règne sans partage,
» Ou du moins on le croit, et sur cette croyance
» J'assieds les fondemens de ma toute-puissance. »

Albumazar.

Sans cesse de nouvelles occupations et de nouvelles aventures semblaient survenir à notre jeune Écossais, comme se succèdent les flots rapides d'un torrent, car il ne tarda pas à être mandé dans l'appartement de son capitaine lord Crawford, où, à son grand étonnement, il trouva encore le roi. Les premières paroles du monarque, au sujet de la preuve de confiance dont il allait l'honorer, lui firent craindre qu'il ne fût encore question d'une embuscade semblable à celle où il avait été placé contre le comte de Crèvecœur, ou peut-être de quelque expédition encore moins de son goût. Il fut non-seulement bien rassuré, mais ravi, en apprenant que le roi le choisissait pour mettre sous ses ordres trois hommes et un guide avec lesquels il devait escorter les dames de Croye jusqu'à la cour de leur parent, l'évêque de Liège, de la manière la plus sûre, la plus commode, et en même temps la plus secrète possible. Louis lui remit des informations par écrit sur les endroits où il devait faire halte, et qui étaient en général des villages et des couvens situés à quelque distance des villes ; son itinéraire indiquait aussi les précautions qu'il devait prendre, surtout en approchant des frontières de la Bourgogne. Enfin il reçut des instructions sur ce qu'il devait faire pour jouer le rôle de maître d'hôtel de deux dames anglaises de distinction. Il lui était recommandé de donner à croire que ces nobles insulaires venaient de faire un pèlerinage à Saint-Martin de Tours, et allaient en faire un autre dans la sainte ville de Cologne, dans l'intention d'honorer les reliques des trois mages, ces sages monarques venus de l'Orient pour adorer Jésus-Christ dans la crèche.

Sans trop pouvoir se rendre compte des motifs de son émotion, Quentin sentit son cœur bondir de joie à la seule pensée qu'il allait s'approcher de si près de la beauté de la tourelle, et s'en approcher à un titre qui lui donnait droit d'obtenir une partie au moins de sa confiance, puisque c'était à sa conduite et à son courage qu'allait être remis en grande partie le soin de la protéger. Il ne doutait nullement qu'il ne réussît à la conduire heureusement au terme de son voyage : la jeunesse pense rarement aux périls; et Durward surtout, ayant respiré dès son enfance l'air de la liberté, intrépide et plein de confiance en lui-même, n'y pensait que pour les défier.

Il lui tardait d'être débarrassé de la contrainte que lui imposait la présence du roi, afin de se livrer librement à sa joie secrète. Cette joie allait jusqu'à des transports qu'il était forcé de réprimer en pareille compagnie; mais Louis n'avait pas encore fini avec lui. Ce monarque soupçonneux avait à consulter un conseiller d'une trempe toute différente de celle d'Olivier-le-Diable, et qu'on regardait comme tirant sa science des astres et des intelligences supérieures; de même qu'on jugeait en général que les conseils d'Olivier, à en juger par les fruits, lui étaient inspirés par le diable même.

Louis ordonna donc à l'impatient Quentin de le suivre, et il le conduisit dans une tour séparée du château du Plessis, où était installé avec assez d'aisance et de splendeur le célèbre astrologue, poète et philosophe Galeotti Marti, ou Martius, ou Martivalle (1), né à

(1) Les critiques pourront s'étonner de trouver Galeotti à la cour de Louis XI, malgré l'histoire, qui le fait mourir à Lyon d'une chute de cheval, dans son empressement à saluer le roi, qui se trouvait dans cette ville en 1476; et c'était son premier voyage en France. Il y a bien d'autres anachronismes plus sérieux dans *Quentin Durward;* mais le *romancier* n'est ici *historien* que comme peintre de mœurs. Ce qu'il y a de singulier à propos de Galeotti, c'est que son panégyriste Paul Jove (cité par sir Walter Scott), le fait mourir à Agnani, étouffé par excès de graisse. Paul Jove était pourtant presque le contemporain de Galeotti. Sir Walter Scott, romancier, pourrait donc à la rigueur préférer son témoignage contre l'opinion plus générale des autres historiens. Enfin croira-t-on que la *Biographie universelle* de Michaud (article Galeotti, 1816) fait mourir notre astrologue en 1494, seulement au passage de Char-

Narni, en Italie, auteur du fameux Traité *De vulgo incognitis* (1), et l'objet de l'admiration de son siècle et des éloges de Paul Jove. Il avait long-temps fleuri à la cour de Mathias Corvin, roi de Hongrie; mais Louis l'avait, en quelque sorte, leurré pour l'attirer à la sienne, jaloux que le monarque hongrois profitât des conseils et de la société d'un sage qui était initié à l'art de lire dans les décrets du ciel.

Martivalle n'était pas un de ces pâles ascétiques professeurs des sciences mystiques, dont les traits se flétrissent, et dont les yeux s'usent en veillant la nuit sur leurs creusets, et qui se macèrent le corps à force d'examiner l'ourse polaire. Il se livrait à tous les plaisirs du monde, et avant d'être devenu trop corpulent, il avait excellé dans la science des armes et dans tous les exercices militaires et gymnastiques; de sorte que Janus Pannonius a laissé une épigramme, en vers latins, sur une lutte qui eut lieu entre Galeotti et un champion renommé dans cet art, lutte dans laquelle l'astrologue fut complètement victorieux (2).

Les appartemens de ce sage belliqueux et courtisan étaient beaucoup plus somptueusement meublés qu'au-

---

les VIII à Lyon. Après cette note un peu *savante*, on demandera peut-être encore laquelle de toutes ces autorités a fait de l'histoire. — ÉD.

(1) *Des choses inconnues à la plupart des hommes.* On prétend que c'est le manuscrit original de ce Traité qui est à la Bibliothèque royale. Galeotti a laissé plusieurs autres ouvrages.— ÉD.

(2) Cette lutte célébrée dans l'épigramme de Janus Pannonius ou Pannon, eut lieu sur la grande place de Bude, entre Galeotti et un fameux lutteur du pays nommé Alz, en présence du roi Mathias Corvin et de toute sa cour. — ÉD.

cun de ceux que Quentin avait encore vus dans le palais du roi. Les boiseries ornées et sculptées de sa bibliothèque et la magnificence des tapisseries montraient le goût élégant du savant Italien. De sa bibliothèque une porte conduisait dans sa chambre à coucher, une autre à une tourelle qui lui servait d'observatoire. Une grande table en chêne, placée au milieu de l'appartement, était couverte d'un beau tapis de Turquie, dépouilles prises dans la tente d'un pacha après la grande bataille de Jaiza, où l'astrologue avait combattu à côté de Mathias Corvin, ce vaillant champion de la chrétienté. Sur cette table on voyait un grand nombre d'instrumens de mathématiques et d'astrologie, tous aussi précieux par la main d'œuvre que par la matière. L'astrolabe d'argent du sage était un présent de l'empereur d'Allemagne, et son bâton de Jacob en ébène, incrusté en or, était une marque d'estime du pape alors régnant (1).

Divers objets étaient rangés sur cette table, ou suspendus le long des murs; entre autres, deux armures complètes, l'une en mailles, l'autre en acier, et qui toutes deux, par leur grandeur, semblaient désigner pour leur maître Galeotti Martivalle, dont la taille était presque gigantesque; une épée espagnole, une claymore d'Écosse, un cimeterre turc, des arcs, des carquois et d'autres armes de guerre : on remarquait aussi des instrumens de musique de plusieurs sortes, un crucifix d'argent, un vase sépulcral antique, plusieurs de ces petits pénates de bronze, objets du culte du paganisme, et beaucoup d'autres choses curieuses qu'il serait diffi-

(1) Le pape Sixte IV était l'élève de Galeotti, et ce fut Sa Sainteté qui tira notre astrologue des prisons de l'inquisition, où il avait été enfermé comme hérétique. — Éd.

cile de décrire, et dont plusieurs, d'après les opinions superstitieuses de ce siècle, semblaient devoir servir à l'art magique.

La bibliothèque de cet homme étrange offrait un mélange non moins varié. On y trouvait d'anciens manuscrits d'auteurs classiques, mêlés avec les ouvrages volumineux des théologiens chrétiens, et ceux des sages laborieux qui professaient les sciences chimiques, qui prétendaient découvrir à leurs élèves les secrets les plus mystérieux de la nature, par le moyen de la philosophie hermétique. Quelques-uns étaient écrits en caractères orientaux; d'autres cachaient leur sens, ou leur absurdité, sous le voile de caractères hiéroglyphiques ou cabalistiques.

Tout l'appartement et les divers meubles offraient aux yeux un tableau calculé pour faire une impression dont l'effet sur l'imagination était encore augmenté par l'air et les manières de l'astrologue. Assis dans un grand fauteuil, il examinait avec curiosité un spécimen de l'art tout nouvellement inventé de l'imprimerie, qui sortait de la presse de Francfort.

Galeotti Martivalle était un homme de grande taille, et qui, malgré son embonpoint, avait un air de dignité. Il avait passé l'âge moyen de la vie, et l'habitude de l'exercice qu'il avait contractée dans sa jeunesse, et à laquelle il n'avait pas encore totalement renoncé, n'avait pu réprimer une tendance naturelle à la corpulence, augmentée par une vie sédentaire consacrée à l'étude, et son goût pour les plaisirs de la table. Quoiqu'il eût de gros traits, il avait l'air noble et majestueux, et un Santon aurait pu être jaloux de la longue barbe noire qui descendait sur sa poitrine. Il portait une robe de chambre du plus beau velours de Gênes, à manches larges, garnie d'agrafes en or, bordée d'hermine, et serrée sur sa taille par une ceinture de parchemin vierge, sur lequel étaient représentés, en cramoisi, les douze signes du zodiaque. Il se leva et salua le roi, mais avec les manières d'un homme à qui la présence d'un personnage d'un rang si élevé n'en imposait pas, et qui ne paraissait pas devoir compromettre la dignité qu'affectait alors quiconque se consacrait à l'étude des sciences.

— Vous êtes occupé, mon père, lui dit le roi ; et, à ce qu'il me semble, c'est de cette nouvelle manière de multiplier les manuscrits par le moyen d'une machine. Comment des choses si mécaniques, si terrestres, peuvent-elles intéresser les pensées d'un homme devant qui le firmament déroule ses volumes célestes?

— Mon frère, répondit Martivalle, car c'est ainsi que l'habitant de cette cellule doit appeler le roi de France, quand il daigne venir le visiter comme un disciple, — croyez qu'en réfléchissant sur les conséquences de cette invention, j'y lis avec autant de certitude que dans aucune combinaison des corps célestes, l'augure des changemens les plus étonnans et les plus prodigieux. Quand je songe avec quel cours lent et limité le fleuve de la science nous a jusqu'à présent apporté ses eaux, combien de difficultés éprouvent à s'en procurer ceux qui en sont le plus altérés; combien elles sont négligées par ceux qui ne pensent qu'à leurs aises ; combien elles sont exposées à être détournées ou à se tarir, par suite des invasions de la barbarie ; puis-je envisager, sans être émerveillé, les destins qui attendent les générations futures sur lesquelles les connaissances descendront, comme la première et la seconde pluie, sans interruption et sans diminution, fertilisant certaines contrées, en inondant quelques autres ; changeant toutes les formes de la vie sociale ; établissant et renversant des religions, érigeant et détruisant des royaumes.....

— Un instant, Galeotti ! s'écria Louis ; tous ces changemens arriveront-ils de notre temps ?

— Non, mon frère, répondit Martivalle, cette invention peut se comparer à un jeune arbre qui vient d'être planté, mais qui produira, dans les générations suivantes, un fruit aussi fatal, mais aussi précieux que celui du jardin d'Éden, c'est-à-dire la connaissance du bien et du mal.

— Que l'avenir songe à ce qui le concerne, dit Louis après une pause d'un instant; nous vivons dans le siècle présent, et c'est à ce siècle que nous réserverons nos soins. Chaque jour a bien assez du mal qu'il apporte. Dites-moi, avez-vous terminé l'horoscope que je vous ai chargé de tirer, et dont vous m'avez déjà dit quelque chose ? j'ai amené ici la partie intéressée, afin que vous puissiez employer à son égard la chiromancie ou telle autre science qu'il vous plaira. L'affaire est pressante.

Le sage se leva ; et, s'approchant du jeune soldat, il fixa sur lui ses grands yeux noirs, pleins de vivacité, comme s'il eût été occupé intérieurement à analyser tous les traits et linéamens de sa physionomie. Rougissant et confus d'être l'objet d'un examen si sérieux de la part d'un homme dont l'aspect était si vénérable et si imposant, Quentin baissa les yeux, et ne les releva que pour obéir à l'ordre que lui en donna l'astrologue d'une voix retentissante.

— Ne sois pas effrayé ; lève les yeux, et avance ta main.

Lorsque Martivalle eut examiné la main droite de Durward, suivant toutes les formes des arts mystiques qu'il cultivait, il tira le roi à l'écart, et le conduisit à quelques pas.

— Mon frère royal, lui dit-il, la physionomie de ce jeune homme, et les lignes imprimées sur sa main, confirment, d'une manière merveilleuse, le rapport que je vous ai fait ; d'après son horoscope vos progrès dans notre art sublime vous ont permis d'en porter vous-même un jugement semblable. Tout annonce que ce jeune homme sera brave et heureux.

— Et fidèle ? dit le roi ; car la fidélité n'est pas toujours compagne inséparable de la bravoure et du bonheur.

— Et fidèle, répondit l'astrologue ; car il a dans l'œil et dans le regard une fermeté mâle, et sa *linea vitæ* est droite et profondément tracée, ce qui prouve qu'il sera fidèlement et loyalement attaché à ceux qui lui feront du bien ou qui lui accorderont leur confiance ; et cependant....

— Et cependant ? répéta le roi. Eh bien ! père Galeotti, pourquoi ne continuez-vous pas ?

— Les oreilles des rois ressemblent au palais de ces malades délicats qui ne peuvent supporter l'amertume des médicamens nécessaires à leur guérison.

— Mes oreilles et mon palais ne connaissent pas une telle délicatesse. Je puis entendre tout bon conseil, et avaler tout médicament salutaire : je ne m'inquiète ni de la rudesse de l'un, ni de l'amertume de l'autre. Je n'ai pas été un enfant gâté à force d'indulgence : ma jeunesse s'est passée dans l'exil et dans les souffrances. Mes oreilles sont accoutumées à entendre sans offense tous les conseils, quelque durs qu'ils puissent être.

— Je vous dirai donc clairement, Sire, que s'il se trouve, dans la mission que vous projetez, quelque chose.... quelque chose qui.... qui, en un mot, puisse effaroucher une conscience timorée, vous ne devez pas la confier à ce jeune homme, du moins jusqu'à ce que quelques années passées à votre service l'aient rendu aussi peu scrupuleux que les autres.

— Est-ce là tout ce que vous hésitiez à dire, mon bon Galeotti? Et aviez-vous quelque crainte de m'offenser en parlant ainsi? Je sais que vous sentez parfaitement qu'on ne peut toujours être dirigé dans le chemin de la politique royale comme on doit l'être invariablement dans celui de la vie privée, par les maximes abstraites de la religion et de la morale. Pourquoi, nous autres princes de la terre, fondons-nous des églises et des monastères, entreprenons-nous des pèlerinages, nous imposons-nous des pénitences, et faisons-nous des actes de dévotion dont les autres hommes peuvent se dispenser, si ce n'est parce que le bien public et l'intérêt de nos royaumes nous forcent à des mesures qui peuvent charger notre conscience comme chrétiens? Mais le ciel est miséricordieux; l'Église a un fonds inépuisable de mérites, et l'intercession de Notre-Dame d'Embrun et des bienheureux saints est continuelle et toute-puissante.

A ces mots, il ôta son chapeau, le mit sur la table; et, s'agenouillant devant les images de plomb qui l'entouraient, il dit: — *Sancte Huberte, sancte Juliane, sancte Martine, sancta Rosalia, sancti quotquot adestis, orate pro me peccatore* (1)! Il se frappa la poitrine, en se relevant, remit son chapeau sur sa tête, et se tournant vers l'astrologue : — Soyez assuré, mon bon père, lui dit-il, que s'il se trouve dans la mission que nous avons en vue quelque chose de la nature de ce que vous venez de nous donner à entendre, l'exécution n'en sera pas confiée à ce jeune homme, et qu'il ne sera pas même instruit de cette partie de nos projets.

— Vous agirez sagement en cela, mon frère royal. On peut aussi appréhender quelque chose de l'impétuosité de ce jeune homme ; défaut inhérent à tous ceux dont le tempérament est sanguin. Mais, d'après toutes les règles de l'art, cette chance ne peut entrer en balance avec les autres qualités découvertes par son horoscope et autrement.

— Minuit sera-t-il une heure favorable pour commencer un voyage dangereux ? Tenez, voici vos éphémérides. Vous voyez la position de la lune à l'égard de Saturne, et l'ascendant de Jupiter. Il me semble, avec toute soumission à vos connaissances supérieures, que c'est un augure de succès pour celui qui fait partir une expédition à cette heure.

— Oui, répondit l'astrologue après un moment de réflexion ; cette conjonction promet le succès *à celui qui fait partir* l'expédition ; mais je pense que, Saturne étant en combustion, elle menace de dangers et d'infortunes *ceux qui partent ;* d'où je conclus que le voyage peut être dangereux et même fatal pour ceux qui l'entreprendront

---

(1) Saint Hubert, saint Julien, saint Martin, sainte Rosalie, et vous autres saints qui m'écoutez, priez pour moi, pauvre pécheur. — T<small>R</small>.

à une telle heure. Cette conjonction défavorable présage des actes de violence et une captivité.

— Violence et captivité à l'égard de ceux qui partent, dit le roi, mais succès pour celui qui fait partir. N'est-ce pas là ce que vous nous dites, mon docte père ?

— Précisément, répondit Martivalle.

Louis ne répliqua rien à cette prédiction, que l'astrologue avait probablement hasardée parce qu'il voyait que l'objet sur lequel il était consulté couvrait quelque projet dangereux. Il ne laissa même pas entrevoir jusqu'à quel point elle s'accordait avec ses vues, qui, comme le lecteur le sait, étaient de livrer la comtesse Isabelle de Croye entre les mains de Guillaume de la Marck, chef distingué par son caractère turbulent, et par sa bravoure féroce.

Le roi tira alors un papier de sa poche; et avant de le remettre à Martivalle, il lui dit d'un ton qui ressemblait à une apologie : — Savant Galeotti, ne soyez pas surpris que, possédant en vous un oracle, un trésor, une science supérieure à celles que possède aucun être vivant de nos jours, sans même en excepter le grand Nostradamus (1), je désire fréquemment profiter de vos connaissances dans mes doutes et dans ces difficultés par lesquelles est assiégé tout prince forcé de combattre,

---

(1) Anachronisme difficile à pallier. — Le grand Michel Nostradamus naquit à Saint-Remy en Provence, en 1503, et ne publia ses prophéties qu'en 1555. L'auteur aurait pu citer Angelo de Catho, qui fut tour à tour l'aumônier du duc de Bourgogne et de Louis XI. Ce monarque le nomma plus tard à l'archevêché de Vienne. C'était un merveilleux astrologue qui prédit même dix jours d'avance la mort de Charles-le-Téméraire. Son ami Philippe de Comines n'a pas oublié de vanter sa grande science. — Éd.

dans ses domaines des rebelles audacieux, et au dehors des ennemis puissans et invétérés.

— Sire, répondit le philosophe, lorsque vous m'avez invité à quitter la cour de Bude pour celle du Plessis, je l'ai fait avec la résolution de mettre à la disposition de mon protecteur royal tout ce que mon art peut faire pour lui être utile.

— C'en est assez, mon bon Martivalle, dit le roi : maintenant faites donc attention à cette question. Alors il déplia le papier qu'il tenait à la main, et lut ce qui suit : — Un homme engagé dans une contestation importante, qui paraît devoir être décidée, soit par les lois, soit par la force des armes, désire chercher à arranger cette affaire par le moyen d'une entrevue personnelle avec son antagoniste. Il demande quel jour sera propice pour l'exécution de ce projet; quel pourra être le succès de cette négociation; et si son adversaire répondra à cette preuve de confiance par la reconnaissance et la franchise, ou abusera des avantages dont une telle entrevue peut lui donner l'occasion de profiter?

— C'est une question importante, répondit Martivalle quand le roi eut fini sa lecture. Elle exige que je trace un planétaire, et que j'y consacre de sérieuses et profondes réflexions.

— Faites-le, mon bon père, mon maître ès-sciences, reprit le roi, et vous verrez ce que c'est que d'obliger un roi de France. Nous avons résolu, si les constellations le permettent, et nos faibles connaissances nous portent à penser qu'elles approuvent notre projet, de hasarder quelque chose en notre propre personne, pour arrêter ces guerres antichrétiennes.

— Puissent les saints favoriser les pieuses intentions

de Votre Majesté, répondit l'astrologue, et veiller sur votre personne sacrée !

— Je vous remercie, docte père, dit Louis : en attendant, voici quelque chose pour augmenter votre précieuse bibliothèque.

En même temps, il glissa sous un des volumes une petite bourse d'or; car, économe jusque dans ses superstitions, il croyait avoir suffisamment acheté les services de l'astrologue par la pension qu'il lui avait accordée, et pensait avoir le droit d'employer ses talens à un prix très-modéré, même dans les occasions les plus importantes.

Louis, pour nous servir du langage du Barreau, ayant ainsi payé les honoraires de son avocat consultant, se tourna vers Durward : — Suis-moi, lui dit-il, mon brave Écossais, suis-moi comme un homme choisi par le destin et par un monarque pour accomplir une aventure importante. Aie soin que tout soit prêt pour que tu puisses mettre le pied sur l'étrier à l'instant même où la cloche de Saint-Martin sonnera minuit. Une minute plus tôt ou une minute plus tard, tu perdrais l'aspect favorable des constellations qui sourient à ton expédition.

A ces mots, le roi sortit, suivi de son jeune garde, et ils ne furent pas plus tôt partis, que l'astrologue se livra à des sentimens tout différens de ceux qui avaient paru l'animer en présence du monarque.

— Le misérable avare ! s'écria-t-il en pressant la bourse dans sa main ; car, ne mettant pas de bornes à ses dépenses, Galeotti avait toujours besoin d'argent.

— Le vil et sordide imbécile ! la femme du maître d'un bâtiment m'en donnerait davantage pour savoir si son mari fera une heureuse traversée. Lui! acquérir quelque teinture des belles-lettres! oui, quand le renard glapissant et le loup hurlant deviendront musiciens. Lui! lire dans le glorieux blason du firmament! oui, quand la taupe aveugle aura les yeux du lynx. *Post tot promissa!* Après m'avoir prodigué tant de promesses pour me tirer de la cour du magnifique Mathias, où le Hun et le Turc, le chrétien et l'infidèle, le czar de Moscovie et le kan des Tartares, disputaient à qui me comblerait de plus de présens! Pense-t-il que je sois homme à rester dans ce vieux château, comme un bouvreuil en cage, prêt à chanter dès qu'il lui plaît de siffler? Non, sur ma foi! *Aut inveniam viam, aut faciam.* Je découvrirai ou j'imaginerai un expédient. Le cardinal de La Balue est politique et libéral; il verra la question que le roi vient de me soumettre, et ce sera la faute de Son Éminence si les astres ne parlent pas comme il souhaite.

Il reprit le présent dédaigné, et le pesa de nouveau dans sa main. — Il est possible, dit-il, qu'il se trouve au fond de cette misérable bourse quelque perle ou quelque joyau de prix : j'ai entendu dire qu'il peut être généreux jusqu'à la prodigalité quand son caprice le veut ou que son intérêt l'exige.

Il vida la bourse sur la table, et n'y trouva ni plus ni moins que dix pièces d'or, ce qui excita son indignation au plus haut degré.

— Pense-t-il que, pour ce misérable salaire, je le ferai jouir des fruits de cette science céleste que j'ai étudiée avec l'abbé arménien d'Istrahoff, qui n'avait pas vu le soleil depuis quarante ans; avec le Grec Dubravius, qu'on dit avoir ressuscité des morts, et avoir même visité le scheik Éba-Ali dans sa grotte des déserts de la Thébaïde? Non, de par le ciel! celui qui méprise la science périra par son ignorance. Dix pièces d'or! je rougirais presque d'offrir cette somme à Toinette pour s'acheter un corset.

Tout en parlant ainsi, le sage indigné n'en mit pas moins cet or méprisé dans une grande poche qu'il portait à sa ceinture, et que Toinette et les autres personnes qui l'aidaient dans ses dépenses extravagantes savaient ordinairement vider plus promptement que notre astrologue, avec toute sa science, ne trouvait le moyen de la remplir.

CHAPITRE XIV.

LE VOYAGE.

> « France, je te revois, pays chéri des cieux,
> » Qu'ornèrent à l'envi les arts et la nature,
> » Aux faciles travaux de tes enfans joyeux,
> » Ton sein reconnaissant répond avec usure.
> » De tes jeunes beautés j'aime les noirs cheveux,
> » Leur sourire enchanteur, leurs regards pleins de graces !
> » Hélas ! pour toi le sort eut aussi ses rigueurs ;
> » Ce n'est pas de nos jours que datent tes disgraces,
> » Mais tu sais supporter noblement les malheurs (1). »
>
> Anonyme.

ÉVITANT d'entrer en conversation avec qui que ce fût, car tel était l'ordre qu'il avait reçu, Durward alla se couvrir sans retard d'une cuirasse excellente, mais sans ornemens ; prit des brassards et des cuissards, et mit sur sa tête un bon casque d'acier sans visière ; il revêtit aussi un bon surtout en peau de chamois, brodé

---

(1) Quand on rapproche cette épigraphe de la date de l'introduction, ou plutôt de celle du véritable voyage que sir Walter Scott fit en France, on y trouve l'expression d'une généreuse pitié sur les

sur toutes les coutures, et qui pouvait convenir à un officier supérieur servant dans une noble maison.

Ces armes et ces vêtemens lui furent apportés dans son appartement par Olivier, qui, avec son air tranquille et son sourire insinuant, l'informa que son oncle avait reçu ordre de monter la garde, pour qu'il ne pût faire aucune question sur la cause de tous ces mouvemens mystérieux.

— On fera vos excuses à votre parent, lui dit Olivier en souriant encore; et, mon cher fils, quand vous serez de retour sain et sauf, après avoir exécuté une mission si agréable, je ne doute pas que vous ne soyez trouvé digne d'une promotion qui vous dispensera de répondre de vos actions à qui que ce soit. Oui, nous vous verrons alors commander vous-même des gens qui auront au contraire à vous rendre compte.

C'était ainsi que s'exprimait Olivier-le-Diable, tout en calculant probablement dans son esprit les chances qui pouvaient faire croire que le pauvre jeune homme, dont il serrait cordialement la main, devait nécessairement trouver la mort ou la captivité dans sa mission.

Quelques minutes avant minuit, Quentin, conformément à ses instructions, se rendit dans la seconde cour, et s'arrêta près de la tour du Dauphin, qui, comme nos lecteurs le savent, avait été assignée pour la résidence temporaire des comtesses de Croye. Il trouva à ce rendez-vous les hommes et les chevaux de l'escorte, deux mules déjà chargées de bagage, trois palefrois destinés aux deux comtesses et à une fidèle femme de chambre;

malheurs de la France de 1815. Nous le faisons remarquer avec plaisir à ceux qui ont cru trouver dans les *Lettres de Paul* le sujet des griefs amers contre sir Walter Scott. — Éd.

enfin, pour lui-même, un superbe cheval de guerre, dont la selle garnie en acier brillait aux blancs rayons de la lune. Pas un mot de reconnaissance ne fut prononcé d'aucun côté. Les hommes étaient immobiles sur leurs selles, comme s'ils eussent été des statues, et Quentin, à la lueur imparfaite de l'astre de la nuit, vit avec plaisir qu'ils étaient bien armés et qu'ils avaient en main de longues lances. Ils n'étaient que trois; mais l'un d'eux dit tout bas à Quentin, avec un accent gascon fortement prononcé, que leur guide devait les joindre au-delà de Tours.

Pendant tout ce temps, des lumières brillaient dans la tour d'une fenêtre à l'autre, comme si les dames s'empressaient de faire leurs préparatifs de départ. Enfin une petite porte qui conduisait dans la cour s'ouvrit, et trois femmes en sortirent, accompagnées d'un homme enveloppé d'un manteau. Elles montèrent en silence sur les palefrois qui leur avaient été préparés; et l'homme qui les accompagnait, marchant devant elles, donna le mot de passe et fit les signaux nécessaires aux gardes vigilans devant lesquels elles eurent à passer successivement. Elles arrivèrent enfin à la dernière de ces barrières formidables; là, l'homme qui leur avait servi de guide jusqu'alors, s'arrêta, et dit tout bas quelques mots aux deux comtesses, avec un air d'empressement officieux.

— Que le ciel vous protège! Sire, répondit une voix qui fit tressaillir le cœur de Durward, et qu'il vous pardonne si vous avez des vues plus intéressées que vos paroles ne l'expriment! Me trouver sous la protection du bon évêque de Liège est à présent tout ce que je désire.

L'homme à qui elle parlait ainsi murmura une réponse qu'on ne put entendre, et rentra dans le château, tandis que Quentin, à la clarté de la lune, reconnaissait en lui le roi lui-même, que son désir d'être bien sûr du départ des deux dames avait sans doute déterminé à l'honorer de sa présence, de crainte qu'il n'y eût quelque hésitation de leur part, ou que les gardes du château ne fissent quelques difficultés imprévues.

Tant que la cavalcade fut dans les environs du château, il fallut qu'elle marchât avec beaucoup de précaution pour éviter les trappes, les pièges et embûches placés de distance en distance. Mais le Gascon semblait avoir un fil pour se guider dans ce labyrinthe fatal aux étrangers. Après un quart d'heure de marche, ils se trouvèrent au-delà des limites de Plessis-le-Parc, et non loin de la ville de Tours.

La lune, qui venait de se dégager entièrement des nuages qu'elle n'avait fait jusqu'alors que percer de temps en temps, jetait un océan de lumière sur un paysage des plus magnifiques. La superbe Loire roulait ses eaux majestueuses à travers la plus riche plaine de la France, entre des rives ornées de tours et de terrasses, de vignobles, et de plantations de mûriers. L'ancienne capitale de la Touraine élevait dans les airs les tours qui défendaient ses portes et ses remparts blanchis par les rayons de la lune, tandis que, dans l'enceinte qu'ils formaient, on apercevait le faîte de cet immense édifice que la dévotion du saint évêque Perpétue avait fait construire dès le cinquième siècle, et auquel le zèle de Charlemagne et de ses successeurs avait ajouté des ornemens d'architecture, en assez grand nombre pour en faire l'église la plus belle de toute la France. Les tours de l'église de Saint-Gratien étaient également visibles, ainsi que le château sombre et formidable qui autrefois, disait-on, avait été la résidence de l'empereur Valentinien.

Quoique les circonstances dans lesquelles se trouvait Quentin Durward fussent de nature à occuper toutes ses pensées, il ne put contempler qu'avec enchantement une scène que la nature et l'art semblaient avoir enrichie à l'envi de tous leurs ornemens. Son admiration s'accroissait encore de la comparaison de ses montagnes natales, dont les sites les plus imposans ont toujours un aspect d'aridité. Il fut tiré de sa contemplation par la voix de la comtesse Hameline, montée au moins à une octave plus haut que les sons flûtés qu'elle avait fait entendre en disant adieu au roi. Elle demandait à parler au chef de la petite escorte. Quentin, pressant son cheval, se présenta respectueusement aux deux dames en cette qualité, après quoi la comtesse Hameline lui fit subir l'interrogatoire suivant :

— Quel est votre nom ? quelle est votre qualité ?

Durward la satisfit sur ces deux points.

— Connaissez-vous parfaitement la route ?

— Il ne pouvait, répondit-il, assurer qu'il la connût très-bien, mais il avait reçu des instructions détaillées, et, à la première halte, il devait trouver un guide en état, sous tous les rapports, de diriger leur marche ultérieure. En attendant, un cavalier qui venait de les joindre, et qui complétait l'escorte, leur en servirait.

— Et pourquoi vous a-t-on choisi pour un pareil service ? on m'a dit que vous êtes le même jeune homme qui était hier de garde dans la galerie où nous avons trouvé la princesse de France. Vous paraissez bien jeune, bien peu expérimenté pour être chargé d'une telle mission. D'ailleurs vous n'êtes pas Français, car vous parlez notre langue avec un accent étranger.

— Mon devoir est d'exécuter les ordres du roi, madame, et non d'en discuter les motifs.

— Êtes-vous de naissance noble?

— Je puis l'affirmer en sûreté de conscience, madame.

— Et n'est-ce pas vous, lui demanda la comtesse Isabelle avec un air de timidité, que j'ai vu avec le roi à l'auberge des Fleurs-de-lis?

Baissant la voix, peut-être parce qu'il éprouvait le même sentiment de timidité, Quentin répondit affirmativement.

— En ce cas, belle tante, dit-elle à la comtesse Hameline, je crois que nous n'avons rien à craindre, étant sous la sauvegarde de monsieur; il n'a pas l'air d'un homme à qui l'on aurait pu confier prudemment l'exécution d'un plan de trahison et de cruauté contre deux femmes sans défense.

— Sur mon honneur, madame, s'écria Durward, sur la gloire de ma maison, et sur les cendres de mes ancêtres, je ne voudrais pas, pour la France et l'Écosse réunies, être coupable de trahison et de cruauté envers vous.

— Vous parlez bien, jeune homme! dit la comtesse Hameline; mais nous sommes accoutumées aux beaux discours du roi Louis et de ses agens. C'est ainsi qu'il nous a déterminées à chercher un refuge en France, quand nous aurions pu, avec moins de danger qu'aujourd'hui, en trouver un chez l'évêque de Liège, nous mettre sous la protection de Wenceslas d'Allemagne, ou sous celle d'Édouard d'Angleterre. Et à quoi ont abouti les promesses du roi? A nous cacher indignement, honteusement, comme des marchandises prohibées, sous des noms plébéiens, dans une misérable hôtellerie, tandis que tu sais, Marton, ajouta-t-elle en se tournant vers la femme de chambre, que nous n'avons jamais fait notre toilette que sous un dais et sur une estrade à trois marches; et là, nous étions obligées de nous habiller sur le plancher d'une chambre, comme si nous eussions été deux laitières.

Marton convint que sa maîtresse disait une triste vérité.

— Je voudrais que nous n'eussions pas eu d'autres sujets de plaintes, dit Isabelle; je me serais bien volontiers passée de tout appareil de grandeur.

— Mais non pas de société, ma nièce, cela est impossible.

— Je me serais passée de tout, ma chère tante, répondit-elle d'une voix qui alla jusqu'au cœur de son jeune conducteur; oui, de tout, pourvu que j'eusse trouvé une retraite sûre et honorable. Je ne désire pas, Dieu sait que je n'ai jamais désiré occasioner une guerre entre la France et la Bourgogne, ma patrie. Je serais bien fâchée que ma cause coûtât la vie à un seul homme. Je ne demandais que la permission de me retirer au couvent de Marmoutiers, ou dans quelque saint monastère.

— Vous parlez en véritable folle, belle nièce, et non en fille de mon noble frère. Il est heureux qu'il existe encore quelqu'un qui conserve quelque chose de la fierté de la noble maison de Croye. Comment distinguerait-on une femme bien née d'une laitière brûlée par le soleil, si ce n'est parce qu'on rompt des lances pour l'une, et qu'on casse des branches de coudriers pour l'autre? Je vous dis que, lorsque j'étais dans la fleur de la jeunesse, à peine plus âgée que vous ne l'êtes aujourd'hui, on soutint en mon honneur la fameuse passe d'armes d'Haflinghem. Les tenans étaient au nombre de quatre, et celui des assaillans alla jusqu'à douze. Cette joûte coûta la vie à deux chevaliers, et il y eut une épine du dos, une épaule, trois jambes et deux bras cassés, sans parler d'un si grand nombre de blessures dans les chairs, et de contusions, que les hérauts d'armes ne purent les compter. C'est ainsi que les dames de notre maison ont toujours été honorées. Ah! si vous aviez la moitié autant de cœur que vos nobles ancêtres, vous trouveriez le moyen, dans quelque cour où l'amour des dames et la renommée des armes sont encore en honneur, de faire donner un tournois dont votre main serait le prix, comme celle de votre bisaïeule, de bienheureuse mémoire, fut celui de la fameuse joûte d'armes de Strasbourg; vous vous assureriez ainsi la meilleure lance de l'Europe pour soutenir les droits de la maison de Croye contre l'oppression du duc de Bourgogne et la politique de la France.

— Mais, belle tante, ma vieille nourrice m'a dit que, quoique le rhingrave fût la meilleure lance de la fameuse joûte de Strasbourg, et qu'il eût obtenu ainsi la main de ma respectable bisaïeule, de bienheureuse mémoire, ce mariage ne fut pourtant pas très-heureux, attendu qu'il avait coutume de la gronder souvent, et quelquefois même de la battre.

— Et pourquoi non? s'écria la comtesse Hameline dans son enthousiasme romanesque pour la chevalerie;

pourquoi ces bras victorieux, accoutumés à frapper de taille et d'estoc en rase campagne, seraient-ils sans énergie dans leur château ? J'aimerais mille fois mieux être battue deux fois par jour par un noble chevalier dont le bras serait aussi redoutable aux autres qu'à moi-même, que d'avoir pour époux un lâche qui n'oserait lever la main sur sa femme ni sur personne.

— Je vous souhaiterais beaucoup de plaisir avec un époux si turbulent, belle tante, et je ne vous l'envierais pas ; car, s'il est vrai qu'on puisse supporter l'idée de quelque membre rompu dans un tournois, il n'en est pas de même dans le salon d'une dame.

— Mais on peut épouser un chevalier de renom, sans que la conséquence nécessaire soit d'être battue ; quoiqu'il soit vrai que notre ancêtre de glorieuse mémoire, le rhingrave Gottfried, eût le caractère un peu brusque, et aimât un peu trop le vin du Rhin. Un chevalier parfait est un agneau avec les dames, et un lion au milieu des lances. Il y avait Thibault de Montigny, que la paix soit avec lui ! c'était l'homme le plus doux qu'on pût voir, et jamais il ne fut assez discourtois pour lever la main contre son épouse, de sorte que, par Notre-Dame, lui qui battait tous les ennemis en champ clos, il se laissait battre chez lui par une belle ennemie. Eh bien ! ce fut sa faute. Il était un des tenans à la passe d'armes d'Haflinghem, et il s'y conduisit si bien, que, si tel eût été le bon plaisir du ciel et celui de votre aïeul, il aurait pu y avoir une dame de Montigny qui aurait répondu plus convenablement à sa douceur.

La comtesse Isabelle, qui avait quelque raison pour craindre cette fameuse passe d'armes d'Haflinghem, attendu que c'était un sujet sur lequel sa tante était toujours fort diffuse, laissa tomber la conversation; et Quentin, avec la politesse d'un jeune homme bien élevé, craignant que sa présence ne les gênât dans leur entretien, piqua en avant, et alla joindre le guide, comme pour lui faire quelques questions relativement à la route.

Cependant les deux dames continuèrent leur route en silence, ou s'entretinrent de choses qui ne méritent pas d'être rapportées. Le jour commença enfin à paraître; et, comme elles avaient été à cheval plusieurs heures, Durward, craignant qu'elles ne fussent fatiguées, devint impatient d'arriver à la première halte.

— Je vous la montrerai dans une demi-heure, lui répondit le guide.

Et alors vous nous laisserez aux soins d'un autre guide? demanda Quentin.

— Comme vous le dites. Mes voyages sont toujours courts et en droite ligne. Quand vous et beaucoup d'autres, monsieur l'archer, vous décrivez une courbe en forme d'arc, moi je suis toujours la corde.

La lune avait quitté l'horizon depuis long-temps, mais la lumière de l'aurore commençait à briller du côté de l'orient, et se répercutait sur le cristal d'un petit lac dont les voyageurs suivaient les bords depuis quelques instans. Ce lac était situé au milieu d'une grande plaine où l'on voyait des arbres isolés, quelques bouquets d'arbustes et quelques buissons, mais assez découverte pour qu'on pût déjà apercevoir les objets distinctement. Quentin jeta alors les yeux sur l'individu près duquel il se trouvait, et sous l'ombre d'un grand chapeau rabattu à larges bords, qui ressemblait au *sombrero* d'un paysan espagnol, il reconnut les traits facétieux de ce même

Petit-André dont les doigts, peu de temps auparavant, de concert avec ceux de son lugubre confrère Trois-Échelles, avaient déployé tant d'activité autour de son cou.

L'exécuteur des hautes-œuvres étant regardé en Écosse avec une horreur presque superstitieuse, Quentin, cédant à un mouvement d'aversion qui n'était pas sans quelque mélange de crainte, et que le souvenir de l'aventure dans laquelle il avait couru de si grands risques ne tendait pas à diminuer, tourna vers la droite la tête de son cheval, et le pressant en même temps de l'éperon, lui fit faire une demi-volte qui le mit à sept ou huit pieds de son odieux compagnon.

— Ho! ho! ho! s'écria Petit-André; par Notre-Dame de la Grève, notre jeune soldat ne nous a pas oublié. Eh bien! camarade, vous ne m'en voulez pas, j'espère? Dans ce pays il faut que chacun gagne son pain. Personne n'a à rougir d'avoir passé par mes mains; car j'attache un fruit vivant à un arbre aussi proprement que qui que ce puisse être; et, par-dessus le marché, Dieu m'a fait la grace de faire de moi un gaillard des plus joyeux! Ah! ah! ah! ah! je pourrais vous citer de si bonnes plaisanteries de ma façon, faites entre le bas et le haut de l'échelle, que j'étais obligé de précipiter ma besogne, de peur que mes patiens ne mourussent de rire, ce qui aurait été une honte pour mon métier.

En finissant ces mots, il tira de côté la bride de son cheval, pour regagner la distance que l'Écossais avait mise entre eux, et lui dit en même temps : — Allons, monsieur l'archer, point de bouderie entre nous : car, pour moi, je fais toujours mon devoir sans rancune et avec gaieté, et je n'aime jamais mieux un homme que lorsque je lui mets mon cordon autour du cou, pour en faire un chevalier de l'ordre de Saint-Patibularius, comme le chapelain du grand prévôt, le digne père Vaconeldiablo, a coutume d'appeler le saint patron de la prévôterie.

— Retire-toi, misérable, dit Quentin à l'exécuteur des sentences de la loi, en voyant qu'il cherchait à se rapprocher de lui; retire-toi, ou je serai tenté de t'apprendre l'intervalle qui sépare un homme d'honneur, du plus vil rebut de la société.

— Là! là! dit Petit-André; comme vous êtes vif! Si vous aviez dit un honnête homme, il pourrait y avoir quelque chose de vrai là-dedans; mais quant aux hommes d'honneur, j'ai tous les jours à travailler avec eux d'aussi près que j'ai été sur le point de le faire avec votre personne. Mais que la paix soit avec vous, et restez tout seul, si bon vous semble. Je vous aurais donné un flacon de vin d'Auvergne pour noyer le souvenir de toute rancune; mais, puisque vous méprisez ma politesse, boudez tant qu'il vous plaira. Je n'ai jamais de querelle avec mes pratiques, avec mes petits danseurs, mes compagnons de jeu, mes chers camarades, comme Jacques le boucher appelle ses moutons; en un mot, avec ceux qui, comme Votre Seigneurie, portent en grosses lettres écrit sur leur front C. O. R. D. E. (1) Non, non: qu'ils me traitent comme ils le voudront, ils ne m'en touveront pas moins prêt, au moment convenable, à leur rendre service; et vous verrez vous-même, quand vous retomberez entre mes mains, que Petit-André sait ce que c'est que de pardonner une injure.

(1) Il y a dans l'anglais, H. E. M. P., *hemp, chanvre*. — Éd.

Après avoir ainsi parlé, et résumé le tout en jetant sur Quentin un regard ironique, il fit entendre cette interjection par laquelle on cherche à exciter un cheval trop lent, prit l'autre côté du chemin, et laissa Durward digérer ses sarcasmes aussi bien que pouvait le lui permettre son orgueil écossais.

Quentin éprouva une forte tentation de lui briser le bois de sa lance sur les côtes, mais il réprima son courroux en songeant qu'une querelle avec un tel homme ne serait honorable en aucun temps, ni en aucun lieu, et qu'en cette occasion ce serait un oubli de ses devoirs qui pourrait avoir les plus dangereuses conséquences. Il ne répondit donc plus rien aux railleries mal-avisées de Petit-André, et se contenta de faire des vœux bien sincères pour qu'elles ne fussent point arrivées jusqu'aux oreilles des dames qu'il escortait, sur l'esprit desquelles elles ne pourraient produire une impression avantageuse en faveur d'un jeune homme exposé à de tels sarcasmes.

Il n'eut pas long-temps le loisir de se livrer à ces réflexions, car elles furent interrompues par des cris perçans que poussèrent les deux dames en même temps.

— Regardez! regardez derrière nous! pour l'amour du ciel! veillez sur nous et sur vous-même: on nous poursuit!

Quentin se retourna à la hâte, et vit qu'effectivement deux cavaliers armés semblaient les poursuivre; et ils couraient assez bon train pour les joindre bientôt. — Ce ne peut être, dit-il, que quelques hommes de la garde du grand prévôt qui font leur ronde dans la forêt. Regarde, ajouta-t-il en s'adressant à Petit-André, et vois si tu les reconnais.

Petit-André obéit; et, après avoir fait sa reconnaissance, il lui répondit en se tournant sur sa selle d'un air goguenard : — Ces cavaliers ne sont ni vos camarades ni les miens, ils ne sont ni de la garde du roi ni de la garde prévôtale: car il me semble qu'ils portent des casques dont la visière est fermée, et des hausse-cols. Au diable soient ces hausse-cols! c'est la pièce de toute l'armure qui me déplaît davantage ; j'ai quelquefois perdu une heure avant de pouvoir venir à bout de les détacher.

— Nobles dames, dit Durward sans faire attention à ce que disait Petit-André, marchez en avant, pas assez vite pour faire croire que vous fuyez, mais assez pour profiter de l'obstacle que je vais tâcher de mettre à la marche de ces deux cavaliers qui nous suivent.

La comtesse Isabelle jeta un coup d'œil sur Quentin, dit quelques mots à l'oreille de sa tante, qui adressa la parole à Quentin en ces termes :

— Nous vous avons donné notre confiance, monsieur l'archer, et nous préférons courir le risque de tout ce qui pourra nous arriver en votre compagnie, plutôt que d'aller en avant avec cet homme, dont la physionomie ne nous paraît pas de bon augure.

— Comme il vous plaira, mesdames, répondit le jeune Écossais; après tout, ils ne sont que deux; et, quoiqu'ils soient chevaliers, à ce que leurs armes paraissent annoncer, ils apprendront, s'ils ont quelque mauvais dessein, comment un Écossais peut remplir son devoir, en présence, et pour la défense de personnes comme vous. Lequel de vous, continua-t-il en s'adressant aux trois hommes qu'il commandait, veut être mon compagnon pour rompre une lance avec ces deux cavaliers?

Deux de ses hommes d'armes parurent manquer de résolution ; mais le troisième, Bertrand Guyot, jura que, *cape de Diou!* quand ils seraient chevaliers de la table ronde du roi Arthur, il se mesurerait avec eux pour l'honneur de la Gascogne.

Pendant qu'il parlait ainsi, les deux chevaliers, car ils ne paraissaient pas être d'un moindre rang, arrivèrent à l'arrière-garde de la petite troupe, composée de Quentin et du brave Gascon, tous deux couverts d'une excellente armure d'acier bien poli, mais sans aucune devise qui pût les faire distinguer.

L'un d'eux, en s'approchant, cria à Quentin : — Retirez-vous, sire écuyer : nous venons vous relever d'un poste au-dessus de votre rang et de votre condition. Vous ferez bien de laisser ces dames sous nos soins, elles s'en trouveront mieux que des vôtres ; car avec vous, elles ne sont guère que captives.

— Pour répondre à votre demande, monsieur, répliqua Durward, je vous dirai d'abord que je m'acquitte d'un devoir qui m'a été imposé par mon souverain actuel ; et ensuite, que, quelque indigne que j'en puisse être, ces dames désirent rester sous ma protection.

— Comment, drôle, s'écria un des deux champions, oseras-tu, toi, mendiant vagabond, opposer résistance à deux chevaliers.

— Résistance est le mot propre, répondit Quentin : car je prétends résister à votre attaque insolente et illégale ; et, s'il existe entre nous quelque différence de rang, ce que je suis encore à apprendre, votre conduite discourtoise la fait disparaître. Tirez donc vos épées, ou, si vous voulez vous servir de la lance, prenez du champ.

Les deux chevaliers firent volte-face, et retournèrent à la distance d'environ deux cents pas. Quentin, jetant un regard sur les deux comtesses, se pencha sur sa selle, comme pour leur demander de le favoriser de leurs vœux; et, tandis qu'elles agitaient leurs mouchoirs en signe d'encouragement, les deux autres champions étaient arrivés à la distance nécessaire pour charger.

Recommandant au Gascon de se conduire en brave, Durward mit son coursier au galop, et les quatre cavaliers se rencontrèrent au milieu du terrain qui les séparait. Le choc fut fatal au pauvre Gascon; car son adversaire ayant dirigé son arme contre son visage, qui n'était pas défendu par une visière, sa lance lui entra dans l'œil, pénétra dans le crâne, et le renversa mort sur la place.

D'une autre part, Quentin, qui avait le même désavantage, et que son ennemi attaqua de la même manière, fit un mouvement si à propos sur sa selle, que la lance de son ennemi passa sur son épaule droite, en lui effleurant légèrement la joue, tandis que la sienne, frappant son antagoniste sur la poitrine, le renversa par terre. Quentin sauta à bas de cheval, pour détacher le casque de son adversaire; mais l'autre chevalier, qui, soit dit en passant, n'avait pas encore parlé, voyant la mésaventure de son compagnon, descendit du sien encore plus vite; et se plaçant en avant de son ami, privé de tout sentiment : — Jeune téméraire, dit-il à Durward, au nom de Dieu et de saint Martin, remonte à cheval, et va-t'en avec ta pacotille de femmes. Ventre-saint-gris, elles ont déjà causé assez de mal ce matin.

— Avec votre permission, sire chevalier, répondit

Quentin, mécontent de l'air de hauteur avec lequel cet avis lui était donné ; je verrai d'abord à qui j'ai eu affaire, et je saurai ensuite qui doit répondre de la mort de mon camarade.

— Tu ne vivras assez ni pour le savoir, ni pour le dire, s'écria le chevalier ; je te le répète, retire-toi en paix. Si nous avons été assez fous pour interrompre votre voyage, nous en avons été bien payés ; car tu as fait plus de mal que n'en pourraient réparer ta vie et celle de tous tes compagnons. Ah ! s'écria-t-il en voyant que Durward avait tiré son épée, puisque tu le veux, bien volontiers. Pare celui-là.

En même temps, il porta sur la tête du jeune Écossais un coup si bien appliqué, que Quentin, quoique né dans un pays où l'on ne les donnait pas de main morte, n'avait entendu parler d'un coup d'épée semblable que dans les romans. Il descendit avec la force et la rapidité de l'éclair, abattit la garde du sabre que Durward avait levé pour le parer, fendit son casque au point de toucher ses cheveux, mais ne pénétra pas plus avant. Cependant le jeune soldat, étourdi par la violence du coup, tomba un genou en terre, et fut un moment à la merci de son adversaire, s'il eût plu à celui-ci de lui en porter un second ; mais soit par compassion pour sa jeunesse, soit par admiration de son courage, soit enfin par une générosité qui ne lui permettait pas d'attaquer un ennemi sans défense, le chevalier ne voulut pas profiter de cet avantage. Cependant Quentin, revenant à lui, se releva lestement, et attaqua son antagoniste avec l'énergie d'un homme déterminé à vaincre ou à périr, et avec le sang-froid nécessaire pour faire usage de tous ses moyens. Résolu d'éviter de s'exposer à des coups aussi terribles que celui qu'il venait de recevoir, il fit valoir l'avantage d'une agilité supérieure qu'augmentait encore la légèreté relative de son armure, pour harasser son ennemi en l'attaquant de tous côtés avec des mouvemens si soudains et si rapides que celui-ci, chargé d'armes pesantes, trouva difficile de se défendre sans se fatiguer beaucoup.

Ce fut en vain que ce généreux antagoniste cria à Quentin qu'ils n'avaient plus aucune raison pour se battre, et que ce serait à regret qu'il le blesserait. N'écoutant que le désir de laver la honte de sa première défaite, Durward continua à l'assaillir avec la vivacité de l'éclair, le menaçant tantôt du tranchant, tantôt de la pointe de son épée, et ayant toujours l'œil attentif à tous les mouvemens de son adversaire, qui lui avait déjà donné une preuve si terrible de la force supérieure de son bras, de sorte qu'il était toujours prêt à faire un saut en arrière ou de côté à chaque coup que lui portait la lame pesante de son ennemi.

—Il faut que le diable ait enraciné dans ce jeune fou la présomption et l'opiniâtreté, murmura le chevalier : tu ne seras donc content que lorsque tu auras un bon horion sur la tête! Changeant alors de manière de combattre, il se tint sur la défensive, se contentant de parer les coups que Quentin ne cessait de lui porter, sans paraître chercher à les rendre, mais épiant l'instant où la fatigue, un faux pas ou un moment de distraction du jeune soldat lui fournirait l'occasion de mettre fin au combat d'un seul coup. Il est probable que cette politique adroite lui aurait réussi, mais le destin en avait ordonné autrement.

Ils étaient encore aux prises avec une égale fureur,

quand une troupe nombreuse d'hommes à cheval arriva au grand galop, en criant:—Arrêtez! arrêtez! Au nom du roi? Les deux champions reculèrent au même instant, et Quentin vit avec surprise que son capitaine, lord Crawford, était à la tête du détachement qui venait d'interrompre le combat. Il reconnut aussi Tristan l'Ermite avec deux ou trois de ses gens. Toute la troupe pouvait consister en une vingtaine de cavaliers.

CHAPITRE XV.

LE GUIDE.

> « Il me dit qu'en Égypte il avait pris naissance.
> » Il était descendu de ces sorciers fameux,
> » Éternels ennemis des malheureux Hébreux;
> » Aux miracles divins opposant des prestiges,
> » Du prophète Moïse imitant les prodiges.
> » Mais, quand de Jéhovah l'ange exterminateur
> » Frappa les premiers nés de son glaive vengeur,
> » Ces sages prétendus, en dépit de leurs charmes,
> » Comme le paysan répandirent des larmes. »
>
> Anonyme.

L'ARRIVÉE de lord Crawford et de son détachement termina tout à coup le combat que nous avons cherché à décrire dans le chapitre précédent. Le chevalier, levant la visière de son casque, remit son épée au vieux lord en lui disant : — Crawford, je me rends, mais écoutez-moi ; un mot à l'oreille. Pour l'amour du ciel, sauvez le duc d'Orléans.

— Quoi comment! le duc d'Orléans! s'écria le commandant de la garde écossaise; il faut donc que le diable s'en soit mêlé! cela va le perdre dans l'esprit du roi, le perdre à jamais!

— Ne me faites pas de questions, répondit Dunois, car c'était lui qui venait de figurer dans cette scène; c'est moi qui suis coupable, et je le suis seul. Voyez, le voilà qui donne un signe de vie. Je ne voulais qu'enlever cette jeune comtesse, m'assurer sa main et ses possessions; et voyez ce qu'il en est résulté. Faites éloigner votre canaille; que personne ne puisse le reconnaître.

A ces mots il leva la visière du casque du duc d'Orléans, et lui jeta sur le visage de l'eau que lui fournit le lac qui était à deux pas.

Cependant Durward, pour qui les aventures se succédaient avec une telle rapidité, restait immobile de surprise. Les traits pâles de son premier antagoniste lui apprenaient qu'il avait renversé le premier prince du sang de France; et c'était avec le célèbre Dunois, avec le meilleur champion de ce royaume, qu'il venait de mesurer son épée! C'étaient deux faits d'armes honorables en eux-mêmes; mais le roi les approuverait-il? c'était une autre question.

Le duc avait repris ses sens et recouvré assez de forces pour s'asseoir, et il écoutait avec attention ce qui se passait entre Dunois et Crawford, le premier soutenant avec chaleur qu'il était inutile de prononcer le nom du duc d'Orléans dans cette affaire, puisqu'il était prêt à en prendre tout le blâme sur lui-même, et qu'il déclarait que le duc ne l'avait suivi que par amitié.

Lord Crawford l'écoutait, les yeux fixés sur la terre, en soupirant, et en secouant la tête de temps en temps.

— Tu sais, Dunois, lui dit-il enfin en le regardant, que par amour pour ton père, aussi-bien que pour toi-même, je désirerais te rendre service....

— Je ne demande rien pour moi ! s'écria Dunois; je vous ai rendu mon épée; je suis votre prisonnier; que faut-il de plus? C'est pour ce noble prince que je parle, pour le seul espoir de la France, s'il plaisait à Dieu d'appeler à lui le dauphin; il n'est venu ici qu'à ma prière, pour m'aider à faire ma fortune : le roi lui-même m'avait donné une sorte d'encouragement.

— Dunois, répondit Crawford, si tout autre que toi me disait que tu as entraîné le noble prince dans une situation si cruelle, pour servir à quelqu'une de tes vues, je lui donnerais un démenti formel; et, quoique ce soit toi-même qui me l'assures en ce moment, j'ai peine à croire que tu dises la vérité.

— Noble Crawford, dit le duc d'Orléans, qui avait alors repris l'usage de ses sens, votre caractère ressemble trop à celui de votre ami Dunois pour ne pas lui rendre justice. C'est moi au contraire qui l'ai amené ici, contre son gré, pour une folle entreprise conçue à la hâte et exécutée avec témérité. Regardez-moi tous, ajouta-t-il en se levant et en se tournant vers les soldats; je suis Louis d'Orléans, prêt à subir la peine de sa folie. J'espère que le déplaisir du roi ne tombera que sur moi, comme cela n'est que trop juste. Cependant, comme un fils de France ne doit rendre ses armes à personne, pas même à vous, brave Crawford, adieu, mon fidèle acier.

A ces mots il tira son épée, et la jeta dans le lac. L'épée traça dans l'air un sillon comme un éclair, tomba dans l'eau avec bruit, et disparut. Les spectateurs de cette scène étaient plongés dans l'étonnement et l'irrésolution, tant le rang du coupable était respectable, tant son caractère était estimé; tandis qu'ils sentaient, d'une autre part, qu'attendu les vues que le roi avait sur lui, les conséquences de sa témérité entraîneraient probablement sa perte.

Dunois fut le premier qui parla, et ce fut avec le ton de mécontentement d'un ami blessé du peu de confiance qu'on lui témoigne. — Ainsi donc, dit-il, Votre Altesse juge à propos, dans une même matinée, de renoncer aux bonnes graces du roi, de jeter à l'eau sa meilleure épée, et de mépriser l'amitié de Dunois !

— Mon cher cousin ! répondit le duc, comment pouvez-vous croire que je méprise votre amitié, quand je dis la vérité, comme l'exigent votre sûreté et mon honneur ?

— Et pourquoi vous mêlez-vous de ma sûreté? mon prince, répliqua Dunois d'un ton bref; je voudrais bien le savoir, mon cher cousin. Que vous importe, au nom du ciel! si j'ai envie d'être pendu, étranglé, jeté dans la Loire, poignardé, rompu sur la roue, enfermé dans une cage de fer, enterré tout vivant dans le fossé d'un château, ou traité de toute autre manière qu'il peut plaire au roi Louis de disposer de son fidèle sujet? Vous n'avez pas besoin de cligner les yeux et de me montrer Tristan l'Ermite, je vois le coquin aussi bien que vous. Mais j'en aurais été quitte à meilleur compte. — Croyez que la vie me fût restée. Quant à votre honneur, par la rougeur de sainte Madeleine! je crois qu'il aurait exigé que vous n'entreprissiez pas la besogne de ce matin, ou du moins que vous ne vous y fussiez pas montré. Voilà Votre Altesse qui a été désarçonnée par un jeune Écossais tout juste arrivé de ses montagnes.

— Allez, allez, s'écria lord Crawford, il n'y a pas à en

rougir : ce n'est pas la première fois qu'un jeune Écossais a rompu une bonne lance. Je suis charmé qu'il se soit bien comporté.

— Je n'ai rien de contraire à dire, répliqua Dunois ; et cependant, si vous étiez arrivé quelques minutes plus tard, il aurait pu se trouver une vacance dans votre compagnie d'archers.

—Oui, oui, dit lord Crawford ; je reconnais votre main sur ce morion fendu. Qu'on le retire à ce brave garçon, et qu'on lui donne un de nos bonnets doublés en acier ; cela lui couvrira le crâne mieux que les débris de ce couvre-chef. Et maintenant, Dunois, je dois vous prier ainsi que le duc d'Orléans de monter à cheval et de me suivre, car mes instructions et mes ordres sont de vous conduire en un séjour tout différent de celui que je voudrais pouvoir vous assigner.

— Ne puis-je dire un mot à ces belles dames, lord Crawford? demanda le duc d'Orléans.

— Pas une syllabe, répondit lord Crawford ; je suis trop l'ami de Votre Altesse pour vous permettre une telle imprudence. Jeune homme, ajouta-t-il en se tournant vers Quentin, vous avez fait votre devoir ; partez, et remplissez la mission qui vous a été confiée.

— Avec votre permission, milord, dit Tristan avec l'air brutal qui lui était ordinaire, il faut qu'il cherche un autre guide. Je ne puis me passer de Petit-André dans un moment où il est probable qu'il y aura de la besogne pour lui.

— Il n'a qu'à suivre le sentier qui est devant lui, dit Petit-André se mettant en avant, et il le conduira dans un endroit où il trouvera l'homme qui doit lui servir de guide. Je ne voudrais pas pour mille ducats m'éloigner de mon chef aujourd'hui. J'ai pendu plus d'un écuyer et d'un chevalier ; de riches échevins, des bourguemestres, des comtes et des marquis m'ont même passé par les mains, mais..... hum ! Il jeta un regard sur le duc, comme pour indiquer qu'il fallait remplir le blanc qu'il laissait, par ces mots : Un prince du sang ! Et il ajouta : Oh ! oh ! Petit-Andre, il sera fait mention de toi dans la chronique.

— Souffrez-vous que vos coquins parlent si insolemment en présence d'un membre de la famille royale ? demanda Crawford à Tristan en fronçant les sourcils.

— Que ne le châtiez-vous vous-même, milord ? répondit Tristan d'un ton bourru.

— Parce qu'il n'y a ici que ta main, répliqua lord Crawford, qui puisse le frapper sans se dégrader en le touchant.

— En ce cas, milord, dit le grand-prévôt, mêlez-vous de vos gens, et je serai responsable des miens.

Lord Crawford paraissait se disposer à lui répondre d'un ton courroucé ; mais, comme s'il eût mieux réfléchi, il lui tourna le dos ; et s'adressant au duc d'Orléans et à Dunois, qui étaient montés à cheval, il les pria de marcher à ses côtés ; puis faisant un signe d'adieu aux deux dames, il dit à Quentin : — Que le ciel te protège, mon enfant ; tu as commencé ton service vaillamment, quoique pour une malheureuse cause. Il se mettait en marche, quand Durward entendit Dunois lui demander à demi-voix : —Nous conduisez-vous au Plessis ?

—Non, mon malheureux et imprudent ami, répondit lord Crawford en soupirant : nous allons à Loches.

Loches ! Ce nom encore plus redouté que celui du

Plessis retentit à l'oreille du jeune Écossais comme le *glas* de la mort. Il en avait entendu parler comme d'un lieu destiné à ces actes secrets de cruauté dont Louis lui-même rougissait de souiller sa résidence habituelle. Il existait dans ce lieu de terreur des cachots creusés sous des cachots, dont quelques-uns étaient inconnus aux gardiens eux-mêmes; tombeaux vivans où ceux qui y étaient enfermés n'avaient plus à attendre que du pain, de l'eau, et un air infect. Il y avait aussi dans ce formidable château, de ces horribles lieux de détention nommés *cages*, dans lesquels un malheureux prisonnier ne pouvait ni se tenir debout, ni s'étendre pour se coucher; invention qu'on attribuait au cardinal de La Balue. On ne peut donc être surpris que le nom de ce séjour d'horreur, et la connaissance qu'il avait que lui-même venait de contribuer en partie à y envoyer deux victimes illustres, eussent pénétré Quentin d'une telle tristesse, qu'il marcha quelque temps la tête baissée, les yeux fixés sur la terre, et le cœur rempli des plus pénibles réflexions.

Comme il se remettait à la tête de la petite cavalcade, suivant la route qui lui avait été indiquée, la comtesse Hameline trouva l'occasion de lui dire : — On dirait, monsieur, que vous regrettez la victoire que vous avez remportée pour nous ?

Cette question était faite d'un ton qui ressemblait presque à l'ironie ; mais Quentin eut assez de tact pour y répondre avec franchise et simplicité.

— Je ne puis rien regretter de ce que j'ai fait pour servir des dames comme vous; mais, si votre sûreté n'avait pas été compromise, j'aurais préféré succomber sous les coups d'un aussi bon soldat que Dunois, plutôt que d'avoir contribué à envoyer cet illustre chevalier et son malheureux parent, le duc d'Orléans, dans les affreux cachots de Loches.

—C'était donc le duc d'Orléans? s'écria-t-elle en se tournant vers sa nièce; je le pensais ainsi, même à la distance d'où nous avons vu le combat. Vous voyez, belle nièce, ce qui aurait pu arriver si ce monarque cauteleux et avare nous avait permis de nous montrer à sa cour! Le premier prince du sang de France, et le vaillant Dunois, dont le nom est aussi connu que celui du héros son père! Ce jeune homme a fait bravement son devoir, mais c'est presque dommage qu'il n'ait pas succombé avec honneur, puisque sa bravoure mal-avisée nous a privées de deux libérateurs si illustres.

La comtesse Isabelle répondit d'un ton ferme et presque mécontent, et avec une énergie que Durward n'avait pas encore remarquée en elle.

—Madame, dit-elle, si je ne savais que vous faites une plaisanterie, je dirais qu'un pareil discours est une ingratitude envers notre brave défenseur. Si ces chevaliers avaient réussi dans leur entreprise téméraire, au point de mettre notre escorte hors de combat, n'est-il pas évident qu'à l'arrivée des gardes du roi nous aurions partagé leur captivité? Quant à moi, je donne des larmes au brave jeune homme qui a perdu la vie en nous défendant, et je ferai bientôt célébrer des messes pour le repos de son ame; et, quant à celui qui survit, ajouta-t-elle d'un ton plus timide, je le prie de recevoir les remerciemens de ma reconnaissance.

Comme Quentin se tournait vers elle pour lui exprimer une partie des sentimens qu'il éprouvait, elle vit une de ses joues couverte de sang, et elle s'écria avec le ton d'une profonde sensibilité : — Sainte Vierge ! il est blessé ! son sang coule ! Descendez de cheval, il faut que votre blessure soit bandée.

Vainement Quentin répéta que sa blessure n'était que légère ; il fallut qu'il mît pied à terre, qu'il s'assît sur un tertre de gazon, qu'il ôtat son casque ; et les dames de Croye, qui, suivant un ancien usage pas encore tout-à-fait passé de mode, prétendaient à quelques connaissances dans l'art de guérir, lavèrent la blessure, en étanchèrent le sang, et la bandèrent avec le mouchoir de la comtesse Isabelle, afin d'empêcher l'action de l'air, précaution qu'elles jugèrent indispensable.

Dans nos temps modernes, il est rare qu'un galant reçoive une blessure pour l'amour d'une belle, et de son côté jamais une belle ne se mêle du soin de la guérir : le galant et la belle encourent chacun un danger de moins. On reconnaîtra généralement de quel danger je veux parler pour l'homme ; mais le péril de panser une blessure comme celle de Quentin, blessure qui n'avait rien de dangereux, était peut-être aussi réel, dans son genre, pour une jeune personne, que celui auquel s'était exposé notre Écossais pour la défendre.

Nous avons déjà dit que Quentin Durward avait la physionomie la plus prévenante. Lorsqu'il eut détaché son heaume, ou, pour mieux dire, son morion, les boucles de ses beaux cheveux s'en échappèrent avec profusion autour d'un visage dont l'air de jeunesse et de gaieté recevait un charme plus doux d'une rougeur causée à la fois par la modestie et le plaisir. Et, quand la jeune comtesse fut obligée de tenir le mouchoir sur la blessure, tandis que sa tante cherchait quelque vulnéraire dans les bagages, elle éprouva un embarras mêlé de délicatesse, un mouvement de compassion pour le blessé, un sentiment plus vif de reconnaissance pour ses services, et tout cela ne diminua rien à ses yeux de la bonne mine et des traits agréables du jeune soldat. En un mot, il semblait que le destin avait amené cet incident pour compléter la communication mystérieuse qu'il avait établie, par des circonstances en apparence minutieuses et accidentelles, entre deux personnes qui, quoique bien différentes par le rang et la fortune, se ressemblaient pourtant beaucoup par la jeunesse, par la beauté, et par un cœur naturellement tendre et romanesque.

Il n'est donc pas étonnant qu'à compter de ce moment l'idée de la comtesse Isabelle, déjà si familière à l'imagination de Quentin, remplit entièrement son cœur; et que de son côté la jeune dame, si ses sentimens, qu'elle ignorait presque elle-même, avaient un caractère moins décidé, pensât désormais à son jeune défenseur. Elle venait en effet de témoigner au simple garde plus d'intérêt qu'à aucun des nobles de haute naissance qui, depuis deux ans, lui avaient prodigué leurs adorations. Par-dessus tout, quand elle songeait à Campo Basso, l'indigne favori du duc Charles, à son air hypocrite, à son esprit bas et perfide, à son cou de travers et à ses yeux louches, son image lui paraissait plus hideuse et plus dégoûtante que jamais, et elle faisait serment qu'aucune tyrannie ne pourrait jamais la forcer à contracter une union si odieuse.

D'une autre part, soit que la bonne comtesse Hameline se connût en beauté, et l'admirât dans un homme autant que lorsqu'elle avait quinze ans de moins; car la bonne dame en avait au moins trente-cinq, si les mémoires de cette noble maison disent la vérité, soit qu'elle pensât qu'elle n'avait pas rendu à leur jeune protecteur toute la justice qu'il méritait, dans la manière dont elle avait d'abord envisagé ses services, il est certain qu'elle commença à le regarder d'un œil plus favorable.

— Ma nièce vous a donné, lui dit-elle, un mouchoir pour bander votre blessure; je vous en donnerai un pour faire honneur à votre vaillance, et pour vous encourager à marcher dans le chemin de la chevalerie.

A ces mots, elle lui présenta un mouchoir richement brodé en argent et en soie bleue; et, lui montrant la housse de son palefroi et les plumes qui ornaient son chapeau, elle lui fit observer que les couleurs en étaient les mêmes.

L'usage du temps prescrivait impérieusement la manière de recevoir une telle faveur, et Quentin s'y conforma en attachant le mouchoir autour de son bras. Cependant il accomplit ce devoir de reconnaissance d'un air plus gauche et avec moins de galanterie qu'il ne l'aurait peut-être fait en toute autre occasion, et devant d'autres personnes; quoique le fait de porter ainsi le don accordé de cette manière par une dame ne fût en général qu'une sorte de compliment sans conséquence, il aurait préféré de beaucoup pouvoir orner son bras du tissu qui servait de bandage à la légère blessure que lui avait faite la lance du duc d'Orléans.

Ils se remirent en route, Quentin marchant à côté des dames, qui semblaient l'avoir tacitement admis dans leur société. Il ne parla pourtant guère, son cœur étant rempli par ce sentiment intime de bonheur qui garde le silence de peur de se trahir. La comtesse Isabelle parla moins encore, de sorte que presque tous les frais de la conversation furent faits par sa tante, qui ne paraissait pas avoir envie de la laisser tomber; car, pour initier Durward, comme elle le dit, dans les principes et la pratique de la chevalerie, elle lui fit le détail circonstancié, et sans en rien omettre, de tout ce qui avait eu lieu à la passe d'armes d'Haflinghem, où elle avait elle-même distribué les prix aux vainqueurs.

Prenant peu d'intérêt, je suis fâché de le dire, à la description de cette joûte splendide et des armoiries des différens chevaliers flamands et allemands dont la comtesse Hameline traçait sans pitié le tableau avec une exactitude minutieuse, Quentin commença à craindre d'avoir passé l'endroit où il devait trouver un guide; accident très-sérieux, qui pouvait amener les conséquences les plus fâcheuses.

Tandis qu'il hésitait s'il enverrait en arrière un des hommes de sa suite pour s'assurer du fait, il entendit sonner du cor, et, regardant du côté d'où partait ce son, il vit un cavalier accourant à toute bride. La petite taille, la longue crinière, l'air sauvage et presque indompté de l'animal qu'il montait, rappelèrent à Durward la race des petits chevaux des montagnes de son pays; mais celui-ci était beaucoup mieux fait; et, tout en paraissant aussi en état de résister à la fatigue, il avait plus de rapidité dans ses mouvemens. La tête particulièrement, qui, dans le petit cheval d'Écosse, est souvent lourde et mal conformée, était petite, et parfaitement posée sur le cou de l'animal, qui avait en outre les lèvres fixes, les yeux pleins de feu et les naseaux bien ouverts.

Le cavalier avait l'air encore plus étranger que sa

monture, quoique celle-ci ne ressemblât nullement aux chevaux de France. Il avait les pieds appuyés sur de larges étriers en forme de pelle, et attachés si haut que ses genoux étaient presque au niveau du pommeau de la selle, ce qui n'empêchait pas qu'il ne conduisît son cheval avec beaucoup de dextérité. Il portait sur la tête un petit turban rouge assujetti par une agrafe d'argent, et surmonté d'un panache qui était un peu fané. Sa tunique, de même forme que celle des Estradiotes, troupes que les Vénitiens levaient alors dans les provinces situées à l'orient de leur golfe, était de couleur verte, et ornée de vieux galons d'or ternis. De larges pantalons blancs, mais qui ne méritaient plus cette épithète, se serraient autour de ses genoux, et ses jambes noires auraient été nues sans la multitude de bandelettes qui s'y croisaient pour fixer à ses pieds une paire de sandales. Il n'avait pas d'éperons, les bords de ses larges étriers étant assez tranchans pour se faire sentir avec sévérité aux flancs de sa monture. Ce cavalier extraordinaire portait une ceinture cramoisie qui soutenait du côté droit un poignard, tandis qu'un petit sabre moresque, à lame courte et recourbée, y était suspendu du côté gauche. Le cor qui avait annoncé son arrivée était passé dans un mauvais baudrier. Il avait le visage brûlé par le soleil, la barbe peu épaisse, les yeux noirs et perçans, la bouche et le nez bien formés ; et, au total, il aurait pu passer pour avoir d'assez beaux traits sans les cheveux noirs qui tombaient en désordre autour de toute sa tête, et sans une maigreur et un air de férocité qui semblaient indiquer un sauvage plutôt qu'un homme civilisé.

— C'est encore un Bohémien, se dirent les deux

dames l'une à l'autre; Vierge Marie! est-il possible que le roi accorde encore sa confiance à de tels proscrits?

—Je questionnerai cet homme, si vous le désirez, dit Quentin, et je m'assurerai de sa fidélité autant que je le pourrai.

Durward, aussi-bien que les dames de Croye, avait reconnu dans le costume et dans la tournure de cet homme l'habillement et les manières de ces vagabonds avec lesquels il avait été sur le point d'être confondu, grace à la célérité des procédés de Trois-Échelles et de Petit-André; et il était assez naturel qu'il pensât aussi qu'on courait quelque risque en donnant sa confiance à un individu de cette race vagabonde.

—Es-tu venu ici pour nous chercher? lui demanda-t-il d'abord.

L'étranger répondit par un signe affirmatif.

—Et dans quel dessein?

—Pour vous conduire au palais de *celui* de Liège.

—De l'évêque, veux-tu dire?

Nouveau signe affirmatif de la part de l'étranger.

—Quelle preuve me donneras-tu que nous devons te croire?

—Deux vers d'une vieille chanson, et rien de plus:

<blockquote>
Le sanglier fut tué par le page,
Toute la gloire en fut pour le seigneur.
</blockquote>

—La preuve est bonne; marche en avant, mon garçon; je t'en dirai davantage dans un instant.

Retournant alors vers les dames, il leur dit: —Je suis convaincu que cet homme est le guide que nous devions attendre, car il vient de me donner un mot d'ordre que je crois n'être connu que du roi et de moi. Mais je vais causer avec lui plus au long, et je m'efforcerai de voir jusqu'à quel point on peut se fier à lui.

CHAPITRE XVI.

LE VAGABOND.

« Je suis libre, je suis ce qu'étaient dans les bois
» L'homme de la nature, et le noble sauvage
» Quand de la servitude ils ignoraient les lois. »
DRYDEN. *La Conquête de Grenade.*

Pendant que Quentin avait avec les deux comtesses la courte conversation nécessaire pour les assurer que ce personnage extraordinaire, ajouté à leur compagnie, était bien réellement le guide que le roi devait leur envoyer, il remarqua, car il était aussi alerte à observer les mouvemens de l'étranger, que celui-ci pouvait l'être à examiner ce qui se passait dans la petite troupe à laquelle il servait de guide ; il remarqua que cet homme non-seulement tournait souvent la tête en arrière pour les regarder, mais qu'avec une agilité singulière qui ressemblait à celle d'un singe plutôt qu'à celle d'un homme, il se courbait en demi-cercle sur sa selle, de manière à avoir la tête tournée de leur côté, pour les considérer plus attentivement.

N'étant pas très-content de cette manœuvre, Quentin s'avança vers le Bohémien, et lui dit en le voyant reprendre la position convenable sur son cheval — Il me semble, l'ami, que vous nous conduisez en aveugle, si vous regardez la queue de votre monture plus souvent que ses oreilles.

— Et quand je serais véritablement aveugle, répondit le Bohémien, je n'en serais pas moins en état de vous conduire dans toutes les provinces de ce royaume de France, ou de ceux qui l'avoisinent.

— Vous n'êtes pourtant pas né Français ?

— Non, répondit le guide.

— Et de quel pays êtes-vous ?

— D'aucun.

— Comment d'aucun !

— Non, je ne suis d'aucun pays. Je suis un Zingaro, un Bohémien, un Égyptien, tout ce qu'il plaît aux Européens, dans leurs différentes langues, de nous appeler ; mais je n'ai pas de pays.

— Êtes-vous chrétien ?

Le Bohémien fit un signe négatif.

— Chien, dit Quentin, car à cette époque l'esprit du catholicisme n'était guère tolérant, adores-tu Mahomet?

— Non, répondit le guide avec autant d'indifférence que de laconisme, et sans paraître offensé ni surpris du ton avec lequel Durward lui parlait.

— Êtes-vous donc païen ? Qu'êtes-vous, en un mot?

— Je ne suis d'aucune religion.

Quentin tressaillit d'étonnement ; car, quoiqu'il eût entendu parler de Sarrasins et d'idolâtres, il ne croyait pas, il ne lui était même jamais venu à l'idée qu'il pût exister une race d'hommes qui ne pratiquât aucun culte. Sa surprise ne l'empêcha pourtant pas de demander à son guide où il demeurait habituellement.

— Partout où je me trouve, répondit le Bohémien ; je n'ai pas de demeure fixe.

— Comment conservez-vous ce que vous possédez?

— Excepté les habits qui me couvrent et le cheval que je monte, je ne possède rien.

— Votre costume est élégant, et votre cheval est une excellente monture. Quels sont vos moyens de subsistance?

— Je mange quand j'ai faim ; je bois quand j'ai soif ; et je n'ai d'autres moyens de subsistance que ceux que le hasard met sur mon chemin.

— Sous les lois de qui vivez-vous ?

— Je n'obéis à personne qu'autant que c'est mon bon plaisir.

— Mais qui est votre chef? qui vous commande?

— Le père de notre tribu, si je veux bien lui obéir. Je ne reconnais pas de maître.

— Vous êtes donc dépourvu de tout ce qui réunit les autres hommes. Vous n'avez ni lois, ni chef, ni moyens arrêtés d'existence, ni maison, ni demeure. Vous n'avez (que Dieu vous prenne en pitié!) point de patrie ; et (que le ciel puisse vous éclairer!) vous ne reconnaissez pas de Dieu : que vous reste-t-il donc, étant privé de religion, de gouvernement, de tout bonheur domestique?

— La liberté. Je ne rampe pas aux pieds d'un autre.

Je n'ai ni obéissance, ni respect pour personne. Je vais où je veux, je vis comme je peux, et je meurs quand il le faut.

— Mais vous pouvez être condamné et exécuté en un instant, au premier ordre d'un juge.

— Soit! ce n'est que mourir un peu plus tôt.

— Mais vous pouvez aussi être emprisonné; et alors où est cette liberté dont vous êtes si fier?

— Dans mes pensées, qu'aucune chaîne ne peut contraindre, tandis que les vôtres, même quand vos membres sont libres, sont assujetties par les liens de vos lois et de vos superstitions, de vos rêves d'attachement local, et de vos visions fantastiques de politique civile. Mon esprit est libre, même quand mon corps est enchaîné; le vôtre porte des fers, même quand vos membres sont libres.

— Mais la liberté de votre esprit ne diminue pas le poids des chaînes dont votre corps peut être chargé.

— Ce mal peut s'endurer quelque temps; et, si enfin je ne trouve pas moyen de m'échapper, et que mes camarades ne puissent me délivrer, je puis toujours mourir; et c'est la mort qui est la liberté la plus parfaite.

Il y eut ici un intervalle de silence qui dura quelque temps. Durward le rompit en reprenant le fil de ses questions.

— Votre race est errante, lui dit-il; elle est inconnue aux nations d'Europe. D'où tire-t-elle son origine?

— C'est ce que je ne puis vous dire, répondit le Bohémien.

— Quand délivrera-t-elle ce royaume de sa présence, pour retourner dans le pays d'où elle est venue?

— Quand le temps de son pèlerinage sera accompli.

— Ne descendez-vous pas de ces tribus d'Israël qui furent emmenées en captivité au-delà du grand fleuve de l'Euphrate? lui demanda Quentin qui n'avait pas oublié ce qu'on lui avait appris à Aberbrothock.

— Si cela était, n'aurions-nous pas conservé leur foi? ne pratiquerions-nous pas leurs rites?

— Et quel est ton nom, à toi?

— Mon nom véritable n'est connu que de mes frères. Les hommes qui ne vivent pas sous nos tentes m'appellent Hayraddin Maugrabin, c'est-à-dire Hayraddin le Maure africain.

— Tu t'exprimes trop bien pour un homme qui a toujours vécu dans ta misérable horde.

— J'ai appris quelque chose des connaissances d'Europe. Lorsque j'étais enfant, ma tribu fut poursuivie par des chasseurs de chair humaine. Une flèche perça la tête de ma mère, et elle mourut. J'étais embarrassé dans la couverture qu'elle portait sur ses épaules, et je fus pris par nos ennemis. Un prêtre me demanda aux archers du prévôt : et il m'instruisit dans les sciences franques pendant deux ou trois ans.

— Et comment l'as-tu quitté?

— Je lui avais volé de l'argent, même le Dieu qu'il adorait, répondit Hayraddin avec le plus grand calme. Il me découvrit et me battit. Je le perçai d'un coup de couteau, je m'enfuis dans les bois, et je rejoignis mon peuple.

— Misérable ! s'écria Quentin ; osas-tu bien assassiner ton bienfaiteur?

— Qu'avais-je besoin de ses bienfaits? Le jeune Zingaro n'était pas un chien domestique, habitué à lécher la main de son maître et à ramper sous ses coups, pour en obtenir un morceau de pain. C'était le jeune loup mis à la chaîne, qui la rompait à la première occasion, déchirait son maître, et retournait dans ses forêts.

Après une nouvelle pause, le jeune Écossais, pour tâcher de pénétrer plus avant dans le caractère et les projets d'un guide si suspect, demanda à Hayraddin s'il n'était pas vrai que son peuple, quoique plongé dans la plus profonde ignorance, prétendait avoir la connaissance de l'avenir, connaissance refusée aux sages, aux philosophes et aux prêtres d'une société plus policée.

— Nous le prétendons, répondit Hayraddin, et c'est avec raison.

— Comment un pareil don peut-il avoir été accordé à une race si abjecte?

— Comment puis-je vous le dire? Je répondrai à cette question quand vous m'aurez expliqué pourquoi le chien peut suivre à la piste les pas de l'homme, tandis que l'homme, cet animal plus noble, n'est pas en état de suivre les traces du chien. Ce pouvoir qui vous semble si merveilleux, notre race le possède d'instinct. D'après les traits du visage et les lignes de la main, nous pouvons prédire le destin futur d'un homme, aussi facilement qu'en voyant la fleur d'un arbre au printemps, vous pouvez dire quel fruit il rapportera dans la saison convenable.

— Je doute de vos connaissances, et je te défie de m'en donner la preuve.

— Ne m'en défiez pas, sire écuyer. Quelle que soit la religion que vous prétendez professer, je puis vous dire que la déesse que vous adorez se trouve dans cette compagnie.

— Silence! s'écria Quentin tout étonné; sur ta vie, ne prononce pas un mot de plus, si ce n'est pour répondre à ce que je te demande. Peux-tu être fidèle?

— Je puis... tout ce que peuvent les hommes.

— Mais veux-tu l'être?

— Quand je le jurerais, m'en croiriez-vous davantage? répondit Hayraddin avec un sourire ironique.

— Sais-tu que ta vie est entre mes mains?

— Frappe, et tu verras si je crains de mourir.

— L'argent peut-il te rendre fidèle?

— Non, si je ne le suis pas sans cela.

— Quel est donc le moyen de s'assurer de toi?

— La bonté.

— Te ferai-je le serment d'en avoir pour toi, si tu nous sers fidèlement dans ce voyage?

— Non. Ce serait prodiguer inutilement une marchandise si précieuse. Je te suis déjà dévoué.

— Comment! s'écria Durward plus étonné que jamais.

— Souviens-toi des châtaigniers sur les bords du Cher. La victime que tu as cherché à sauver était Zamet le Maugrabin; c'était mon frère.

— Et cependant je te trouve en liaison avec les gens qui ont donné la mort à ton frère, car c'est un d'eux qui m'a dit que je te trouverais ici; et c'est sans doute le même qui t'a chargé de servir de guide à ces dames.

— Que voulez-vous? répondit Hayraddin d'un air sombre : ces gens nous traitent comme le chien du berger traite les moutons. Il les protège quelque temps, les fait aller où bon lui semble, et finit par les conduire à la tuerie.

Quentin eut par la suite occasion d'apprendre que le Bohémien lui avait dit la vérité à cet égard, et que la garde prévôtale, chargée de réprimer les hordes vagabondes qui infestaient le royaume, entretenait avec elles une correspondance, s'abstenait quelque temps d'exécuter ses devoirs, et finissait toujours par envoyer ses alliés à la potence. Cette sorte de relation politique entre le brigand et l'officier de police a subsisté dans tous les pays, pour l'exercice profitable de leurs professions respectives, et elle n'est nullement inconnue dans le nôtre (1).

Durward, en se séparant du guide, alla rejoindre le reste de la cavalcade, peu content du caractère d'Hayraddin, et ne se fiant guère aux protestations de reconnaissance qu'il en avait reçues personnellement. Il commença alors à sonder les deux autres hommes qui avaient été mis sous ses ordres, et il reconnut avec chagrin que c'étaient des gens stupides, et aussi peu en état de l'aider de leurs conseils, qu'ils s'étaient montrés peu disposés à le seconder de leurs armes.

— Eh bien! cela n'en vaut que mieux, pensa Quentin, son esprit s'élevant au-dessus des difficultés que sa situation lui faisait prévoir : ce sera à moi seul que cette

(1) Nous avons comparé dans la notice, d'après des renseignemens fournis par sir Walter Scott lui-même, la différence qui existe entre les *Gypsies* de la Grande-Bretagne (ceux de *Guy Mannering*) et les Bohémiens de la France. Si on compare le portrait que l'auteur trace ici de son *Zingano* ou *Zingaro* (mot italien qui signifie homme errant) avec le récit des voyageurs en France, on verra que le caractère d'Hayraddin n'a rien de trop romanesque. Les *Gitanos* d'Espagne sont encore conformes à ce type idéal. Voyez dans le *Glossaire* de Dufresne le mot *Egyptiaci*. — Éd.

aimable jeune dame devra tout. Il me semble que, sans trop me flatter, je puis compter sur mon bras et ma tête. J'ai vu les flammes dévorer la maison paternelle, j'ai vu mon père et mes frères étendus morts au milieu des débris embrasés, et je n'ai pas reculé d'un pouce ; j'ai combattu jusqu'au dernier moment. Aujourd'hui, j'ai deux ans de plus, et j'ai, pour me comporter bravement, le plus beau motif qui puisse enflammer le cœur d'un homme.

Prenant cette résolution pour base de sa conduite, Quentin déploya tant d'attention et d'activité pendant tout le voyage, qu'il semblait se multiplier au point d'être partout en même temps. Son poste favori, celui qu'il occupait le plus fréquemment, était naturellement auprès des deux dames, qui, sensibles aux soins qu'il prenait de leur sûreté, commençaient à causer avec lui sur le ton d'une familiarité amicale ; elles paraissaient prendre grand plaisir à la naïveté de ses entretiens, qui annonçaient aussi de la finesse et de l'esprit. Mais il ne souffrait jamais que le charme de cette liaison nuisît le moins du monde à la vigilance qu'exigeaient ses fonctions.

S'il était souvent près des comtesses, cherchant à faire à des habitantes d'un pays plat la description des monts Grampiens (1), et surtout celle des beautés de Glen-Houlakin, il marchait aussi fréquemment à côté d'Hayraddin, en tête de la petite cavalcade, le questionnant sur la route, sur les lieux où l'on devait faire halte, et

(1) Chaîne de montagnes qui s'étend en Ecosse depuis le comté d'Argyle jusqu'à Aberdeen. Leur nom vient des mots *grant* et *ben*, *énormes montagnes*. Nous sommes déjà familiarisés avec les noms du *Ben-Lomond*, du *Ben-Nevis*, etc. — Éd.

gravant avec soin ses réponses dans sa mémoire, afin de découvrir, en lui faisant d'autres questions, s'il ne méditait pas quelque trahison. Enfin, on le voyait aussi à l'arrière-garde, cherchant à s'assurer l'attachement des deux hommes de sa suite par des paroles de bonté, par quelques présens, et par les promesses d'autres récompenses quand ils auraient rempli leur tâche.

Ils voyagèrent ainsi pendant plus d'une semaine, traversant les cantons les moins fréquentés, et suivant des sentiers et des chemins détournés, pour éviter les grandes villes. Il ne leur arriva rien de remarquable, quoiqu'ils rencontrassent de temps en temps des hordes vagabondes de Bohémiens, qui les respectaient parce qu'ils avaient pour guide un homme de leur caste ; — des soldats traîneurs, — ou peut-être des bandits, qui les trouvaient trop bien armés pour oser les attaquer, — ou les détachemens de maréchaussée, comme on appellerait aujourd'hui les hommes qui les composaient, et que le roi, qui employait le fer et le feu pour guérir et cicatriser les plaies du royaume, mettait en campagne pour détruire les bandes déréglées par lesquelles la France était infestée. Ces soldats de police laissèrent passer sans difficulté les voyageurs et leur escorte, en vertu d'un passeport que le roi avait remis lui-même à Durward à cet effet.

Leurs lieux de halte étaient en général des monastères, obligés la plupart, par des règles de leur fondation, d'accorder l'hospitalité à quiconque accomplissait un pèlerinage ; et l'on sait que le véritable but du voyage des deux comtesses était déguisé sous ce prétexte. On ne devait même faire aux pèlerins aucune question importune sur leur rang et leur condition, parce que plusieurs personnages de distinction désiraient garder l'incognito pendant qu'ils s'acquittaient de quelque vœu. En arrivant, les dames de Croye alléguaient ordinairement la fatigue pour se retirer dans leur appartement ; et Quentin, remplissant les fonctions de majordome, veillait à ce qu'elles eussent tout ce qui pouvait leur être nécessaire, avec une activité qui ne leur laissait aucun embarras, et un empressement qui ne manquait pas de lui valoir un sentiment d'affection et de reconnaissance de la part de celles pour qui il prenait tous ces soins.

Tous les Bohémiens jouissant de la réputation bien acquise d'être des païens, des vagabonds, des gens s'occupant des sciences occultes, ce n'était jamais sans de grandes difficultés que le guide, appartenant à cette caste, était admis même dans les bâtimens extérieurs situés dans la première cour des monastères où la cavalcade s'arrêtait : sa présence paraissait une sorte de souillure pour des lieux aussi saints. C'était un des plus grands embarras de Quentin Durward, car d'un côté il jugeait nécessaire de maintenir en bonne humeur un homme qui possédait le secret de leur voyage ; et de l'autre il regardait comme indispensable de le surveiller avec le plus grand soin, quoique secrètement, afin de l'empêcher, autant qu'il était possible, d'avoir à son insu des communications avec qui que ce fût. Or c'était ce qui serait devenu impossible si Hayraddin n'avait pas logé dans l'enceinte des couvens où l'on faisait halte. Il ne pouvait même s'empêcher de soupçonner cet homme de chercher à s'en faire renvoyer ; car, au lieu de se tenir tranquille dans le réduit qu'on lui accordait, il entrait en conversation avec les novices et les jeunes frères : ses tours et ses chansons les amusaient beaucoup, mais n'édifiaient nullement les vieux pères; de sorte qu'il fallait souvent que Durward déployât toute l'autorité qu'il avait sur le Bohémien, et recourût même aux menaces, pour le forcer à mettre des bornes à sa gaieté trop licencieuse ; mais il avait en même temps besoin de tout son crédit auprès des supérieurs, pour empêcher qu'on ne mît à la porte le chien de païen. Il réussissait pourtant par la manière adroite avec laquelle il faisait des excuses du manque de décorum de son guide, donnant à entendre qu'il espérait que le voisinage des saintes reliques, son séjour dans des murs consacrés à la religion, et surtout la vue d'hommes religieux dévoués aux autels, pourraient lui inspirer de meilleurs principes, et le porter à une conduite plus régulière.

Cependant le dixième ou douzième jour de leur voyage, après leur entrée dans la Flandre, et comme ils s'approchaient de la ville de Namur, tous les efforts de Quentin devinrent insuffisans pour remédier aux suites du scandale que venait de donner son guide païen. La scène se passait dans un couvent de franciscains d'un ordre réformé et austère, dont le prieur était un homme qui mourut par la suite en odeur de sainteté. Après bien des scrupules, que Durward avait eu beaucoup de peine à vaincre, comme on devait s'y attendre en pareil cas, il avait enfin obtenu que le malencontreux Bohémien fût reçu dans un bâtiment isolé, habité par un frère lai qui remplissait les fonctions de jardinier. Les deux dames, suivant leur usage, s'étaient retirées dans leur appartement; et le prieur, qui par hasard avait quelques alliés ou parens en Écosse, et qui d'ailleurs aimait à entendre les étrangers parler de leur pays, invita Quentin, dont l'air et la conduite lui avaient plu, à venir faire une collation monastique dans sa cellule.

Durward, ayant reconnu que ce prieur était un homme intelligent, ne manqua pas de saisir cette occasion pour tâcher de savoir quel était l'état des affaires dans le pays de Liège : car tout ce qu'il avait entendu dire depuis quelques jours avait fait naître dans son esprit la crainte que les dames de Croye ne pussent faire avec toute sûreté le reste de leur voyage. Il lui semblait même douteux que l'évêque pût les protéger efficacement, si elles arrivaient chez lui. Les réponses que le prieur fit à ses questions n'étaient pas très-consolantes.

— Les habitans de Liège, lui dit-il, sont de riches bourgeois qui, comme autrefois Jéhu, se sont engraissés et ont oublié Dieu. Ils sont enflés de cœur, à cause de leurs richesses et de leurs privilèges. Ils ont eu différentes querelles avec le duc de Bourgogne, leur seigneur suzerain, à cause des impôts qu'il en exige et des immunités auxquelles ils prétendent avoir droit. Ces querelles ont plusieurs fois dégénéré en rébellion ouverte, et le duc, homme ardent et impétueux, a juré dans sa colère, par saint George, qu'à la première provocation, il renouvellera à Liège la désolation de Babylone et la chute de Tyr, afin de faire un exemple et une leçon terribles pour toute la Flandre.

— Et d'après tout ce que j'ai entendu raconter, dit Quentin, il est prince à tenir ce serment; de sorte que les Liégeois prendront probablement bien garde de ne pas lui en fournir l'occasion.

— On devrait l'espérer, répondit le prieur, et c'est

la prière quotidienne de tous les gens de bien du pays, qui ne voudraient pas que le sang des hommes coulât comme l'eau d'une fontaine, ni qu'ils périssent en réprouvés, sans avoir le temps de faire leur paix avec le ciel. Le bon évêque travaille aussi nuit et jour à maintenir la paix, comme cela convient à un serviteur de l'autel, car on dit dans les Écritures, *beati pacifici,* Mais.... Et ici le digne prieur poussa un profond soupir et n'acheva pas sa phrase.

Durward fit valoir avec beaucoup de modestie de quelle importance il était aux dames qu'il escortait d'obtenir les renseignemens les plus exacts sur l'état intérieur du pays, et il ajouta que ce serait un acte méritoire de charité chrétienne, si le bon et révérend père voulait bien l'éclairer sur ce sujet.

— C'en est un, répondit le prieur, dont on ne parle pas volontiers ; car les paroles qu'on prononce contre les puissans de la terre, *etiam in cubiculo,* risquent de trouver un messager ailé qui ira les porter jusqu'à leurs oreilles. Cependant, pour vous rendre, à vous qui paraissez un jeune homme bien né, et à ces dames, qui sont des femmes craignant Dieu, et qui accomplissent un saint pèlerinage, tous les faibles services qui sont en mon pouvoir, je n'aurai pas de réserve avec vous.

A ces mots, il regarda autour de lui avec un air de précaution, et continua en baissant la voix, comme s'il eût eu peur d'être entendu.

— Les Liégeois, dit-il, sont secrètement excités à leurs fréquentes rébellions par des hommes de Bélial qui prétendent faussement, à ce que j'espère, avoir mission à cet effet de notre roi très-chrétien, qui sans doute mérite trop bien ce titre pour troubler ainsi la paix d'un pays voisin. Le fait est pourtant que son nom est toujours à la bouche de ceux qui sèment le mécontentement et qui enflamment les esprits parmi les habitans de Liège. Il y a en outre, dans les environs, un seigneur de bonne maison, et ayant de la réputation dans les armes, mais qui est, sous tout autre rapport, *lapis offensionis, et petra scandali:* un scandale et une pierre d'achoppement pour la Bourgogne et la Flandre. Il se nomme Guillaume de la Marck.

— Surnommé Guillaume à la longue barbe, dit Quentin, ou le Sanglier des Ardennes.

— Et ce n'est pas à tort qu'on lui a donné ce dernier nom, mon fils, car il est comme le sanglier de la forêt, qui écrase sous ses pieds ceux qu'il rencontre, et qui les déchire avec ses défenses. Il s'est formé une bande de plus de mille hommes, tous semblables à lui, c'est-à-dire méprisant toute autorité civile et religieuse; avec leur aide, il se maintient indépendant du duc de Bourgogne, et il pourvoit à ses besoins et aux leurs à force de rapines et de violences, qu'il exerce indistinctement sur les laïcs et sur les gens d'église : *imposuit manus in christos Domini,* il a porté la main sur les oints du Seigneur, au mépris de ce qui est écrit : — Ne touchez pas à mes oints, et ne faites pas tort à mes prophètes. — Jusqu'à notre pauvre maison qu'il a sommée de lui fournir des sommes d'or et d'argent pour la rançon de notre vie et celle de nos frères; demande à laquelle nous avons répondu par une supplique en latin dans laquelle nous lui exposions l'impossibilité où nous nous trouvions de le satisfaire, et où nous finissions par lui adresser les paroles du prédicateur : *Ne moliaris amico tuo malum, quum habet in te fiduciam* (1). Et néanmoins, ce *Gulielmus barbatus*, ce Guillaume à la longue barbe, connaissant aussi peu les règles des belles-lettres que celles de l'humanité, nous répliqua dans son jargon ridicule : *Si non payatis, brulabo monasterium vestrum.*

—Il ne vous fut pas difficile, mon père, de comprendre ce latin barbare.

—Hélas! mon fils, la crainte et la nécessité sont d'habiles interprètes. Nous fûmes obligés de fondre les vases d'argent de notre autel, pour assouvir la rapacité de ce chef cruel. Puisse le ciel l'en punir au septuple! *Pereat improbus! Amen! Amen! Anathema sit!*

—Je suis surpris que le duc de Bourgogne, qui a le bras si fort et si puissant, ne réduise pas aux abois ce sanglier, dont les ravages font tant de bruit.

—Hélas! mon fils, le duc est en ce moment à Péronne, assemblant ses capitaines de cent hommes et ses capitaines de mille pour faire la guerre à la France, et c'est ainsi que, pendant que le ciel a envoyé la discorde entre deux grands princes, le pays reste en proie à des oppresseurs subalternes. Mais c'est bien mal à propos que le duc néglige de guérir cette gangrène interne, car, tout récemment, ce Guillaume de la Marck a entretenu à découvert des relations avec Rouslaer et Pavillon, chef des mécontens de Liège, et il est à craindre qu'il ne les excite bientôt à quelques entreprises désespérées.

—Mais l'évêque de Liège n'a-t-il donc pas assez de pouvoir pour subjuguer cet esprit inquiet et turbulent? Votre réponse à cette question, mon digne père, sera très-intéressante pour moi.

(1) Ne médite pas le mal contre ton ami qui a confiance en toi. — Éd.

—L'évêque, mon fils, a le glaive de saint Pierre, comme il en a les clefs. Il est armé du pouvoir de prince séculier, et il jouit de la puissante protection de la maison de Bourgogne, de même qu'il a l'autorité spirituelle, en qualité de prélat : il soutient cette double qualité par une force suffisante de bons soldats et d'hommes d'armes. Or, ce Guillaume de la Marck a été élevé dans sa maison, et en a reçu des bienfaits. Mais à la cour même de l'évêque, il lâcha la bride à son caractère féroce et sanguinaire, et il en fut chassé pour avoir assassiné un des principaux domestiques de ce prélat. Banni de Liège, ayant reçu la défense de reparaître devant le bon évêque ; il en a été depuis ce temps l'ennemi constant et implacable ; et, aujourd'hui, je suis fâché d'avoir à le dire, il s'est ceint les reins, et a revêtu l'armure de la vengeance contre lui.

—Vous regardez donc la situation de ce digne prélat comme dangereuse? lui demanda Quentin avec inquiétude.

—Hélas! mon fils, répondit le bon franciscain, existe-t-il quelqu'un ou quelque chose dans ce monde périssable, que nous ne devions pas regarder comme en danger? Mais à Dieu ne plaise que je dise que le digne prélat se trouve dans un péril imminent. Il a un trésor bien rempli, de fidèles conseillers, et de braves soldats ; et, de plus, un messager, qui a passé ici hier, se dirigeant du côté de l'est, nous a dit que le duc, à la requête de l'évêque, lui avait envoyé cent hommes d'armes. Cette troupe, avec la suite appartenant à chaque lance, forme une force suffisante pour résister à Guillaume de la Marck, dont le nom soit honni? *Amen!*

Leur conversation fut interrompue en ce moment par

le sacristain, qui, d'une voix que la colère rendait presque inarticulée, accusa le Bohémien d'avoir exercé les plus abominables pratiques contre les jeunes frères. Il avait mêlé à leur boisson, pendant le repas du soir, une liqueur enivrante dix fois plus forte que le vin le plus capiteux, et la tête de la plupart d'entre eux y avait succombé. Dans le fait, quoique celle du sacristain eût été assez heureuse pour résister à l'influence de cette potion, sa langue épaisse et ses yeux enflammés prouvaient qu'il n'avait pas été tout-à-fait à l'abri des effets de ce breuvage défendu. En outre, le Bohémien avait chanté diverses chansons où il n'était question que de vanités mondaines et de plaisirs impurs; il s'était moqué du cordon de saint François, il avait tourné en dérision les miracles de ce grand saint, et il avait osé dire que ceux qui vivaient sous sa règle étaient des fous et des fainéans. Enfin, il avait pratiqué la chiromancie, et prédit au jeune père Chérubin qu'il serait aimé d'une belle dame, laquelle le rendrait père d'un charmant garçon, qui ferait son chemin dans le monde.

Le père prieur écouta quelque temps ces accusations en silence, comme si l'énormité de ces crimes l'avait rendu muet d'horreur. Quand le sacristain en eut terminé la liste, il descendit dans la cour du couvent, et ordonna aux frères lais, à peine de supporter les châtimens spirituels dus à une désobéissance, de s'armer de fouets et de balais, et de chasser l'impie de l'enceinte sacrée.

Cette sentence fut exécutée sur-le-champ en présence de Durward, qui, quoique fort contrarié par cet incident, n'intervint pas en faveur d'Hayraddin, parce qu'il prévit que son intercession serait inutile.

La discipline infligée au délinquant fut pourtant, malgré les exhortations du prieur, plus plaisante que formidable. Le Bohémien parcourait la cour en galopant dans tous les sens, au milieu des clameurs de ceux qui le poursuivaient et du bruit des coups dont les uns ne l'atteignaient point, parce que la plupart de ceux qui les lui portaient n'avaient point en effet dessein de l'atteindre, et dont il évitait les autres à force d'agilité, supportant avec courage et résignation le petit nombre qui tombait sur son dos et sur ses épaules. Le désordre était d'autant plus comique et bruyant, qu'Hayraddin passait par les verges de soldats sans expérience, qui, au lieu de flageller le coupable, se frappaient souvent les uns les autres. Enfin le prieur, voulant terminer une scène plus scandaleuse qu'édifiante, ordonna qu'on ouvrît la porte de la cour; et le Bohémien, se précipitant vers cette issue avec la rapidité d'un éclair, profita du clair de lune pour faire ses adieux au couvent.

Pendant ce temps, un soupçon que Durward avait déjà conçu plus d'une fois se représenta à son esprit avec une nouvelle force. Ce jour-là même Hayraddin lui avait promis de se conduire, dans les monastères, d'une manière plus décente et plus réservée que par le passé. Cependant, bien loin d'exécuter cette promesse, il s'était montré et plus impudent et plus désordonné que jamais. Il était donc probable qu'il n'avait pas agi ainsi sans dessein; quels que fussent les défauts du Bohémien, il ne manquait certainement pas de bon sens, et il savait, quand il le voulait, avoir de l'empire sur lui-même. N'était-il pas possible qu'il désirât avoir quelque communication, soit avec des gens de sa horde, soit avec d'autres personnes, et que, la surveillance de Quentin y mettant obstacle pendant le jour, il eût recours à ce stratagème pour se faire chasser cette nuit du couvent?

Dès que ce soupçon fut entré dans l'esprit de Durward, alerte comme il l'était toujours dans tous ses mouvemens, il résolut de suivre le Bohémien flagellé, et de s'assurer aussi secrètement qu'il le pourrait, de ce qu'il allait devenir. En conséquence, dès que Hayraddin eut passé la porte du couvent, Quentin expliqua très-brièvement au prieur la nécessité où il était de ne pas perdre de vue son guide, et vola comme un trait à sa poursuite.

CHAPITRE XVII.

L'ESPION ÉPIÉ.

―――――

> « Quoi ! le grossier coquin ! l'espion épié !
> » Avec ces rustres-là vous n'avez rien à faire ?
> » Éloignez-vous. . . , ... »
> BEN JONSON. *Conte de Robin Hood.*

Lorsque Durward sortit du couvent, il put remarquer, grace au clair de lune, la retraite précipitée du Bohémien fuyant à travers le village avec la rapidité d'un limier qui a senti le fouet; et il le vit ensuite entrer un peu plus loin dans une prairie.

— Mon camarade court vite, se dit Quentin à lui-même, mais il faudrait courir plus vite encore pour échapper au pied le plus agile qui ait jamais foulé les bruyères de Glen-Houlakin.

Comme il avait heureusement quitté son manteau et son armure, le montagnard écossais put déployer une légèreté qui, étant sans égale dans son pays, devait bientôt lui faire joindre le Bohémien, en dépit de l'agilité que déployait celui-ci. Ce n'était pourtant pas ce que se proposait Quentin ; car il regardait comme beaucoup plus important de découvrir ses projets, que d'y mettre obstacle. Ce qui acheva de l'y déterminer, ce fut de voir le Bohémien ne point ralentir le pas, même après la première impulsion de sa fuite; sa course avait donc un tout autre objet que celle d'un homme chassé d'un bon logement, presque à minuit, sans s'y attendre, et qui naturellement n'aurait dû songer qu'à s'en procurer un autre. Quentin le suivit sans être aperçu, car le Bohémien ne tourna pas la tête une seule fois; mais après avoir traversé la prairie, celui-ci s'arrêta au bord d'un petit ruisseau dont les rives étaient couvertes d'aulnes et de saules; il sonna du cor, avec précaution toutefois et en ménageant le son. Un coup de sifflet, partant à peu de distance, lui répondit sur-le-champ.

— C'est un rendez-vous, pensa Quentin ; mais comment m'approcher pour entendre ce qui va se passer? Le bruit de mes pas et celui des branches qu'il faut que j'écarte me trahiront, si je n'y prends garde. Je les surprendrai pourtant, de par saint André, comme si c'étaient des daims de Glen-Isla (1). Je leur apprendrai que ce n'est pas sans fruit que j'ai été instruit dans l'art de la vénerie. Les voilà ensemble ; ils sont deux; l'avantage n'est pas pour moi, s'ils me découvrent et qu'ils aient des projets hostiles, comme cela n'est que trop à craindre; prenons garde que la comtesse Isabelle ne perde son pauvre ami ! — Que dis-je? il ne mérite-

(1) Glen-Isla, situé au pied des monts Grampiens. (*Farfar-Shire.*) — Éd.

rait pas ce titre, s'il n'était prêt à combattre pour elle
une douzaine de ces coquins. Après avoir croisé le fer
avec Dunois, avec le meilleur chevalier de la France,
dois-je craindre une horde de pareils vagabonds? Fi
donc! prudence et courage; et avec l'aide de Dieu et
de saint André, ils me trouveront plus fort et plus fin
qu'eux.

D'après cette résolution, employant une ruse que lui
avait apprise l'habitude de la chasse des forêts, il descendit dans le lit de la petite rivière, dont l'eau, va-
riant de profondeur, tantôt lui couvrait à peine les
pieds, tantôt lui montait jusqu'aux genoux, et s'avança
ainsi bien doucement, caché sous les branches des
arbres entre-croisées sur sa tête; le bruit de ses pas se
confondait avec le murmure des eaux : (c'est ainsi que
nous-mêmes nous nous sommes souvent approchés au
trefois du nid du corbeau vigilant). De cette manière,
il arriva, sans être aperçu, assez près pour entendre la
voix des deux hommes qu'il voulait observer; mais il
ne distinguait pas leurs paroles. Étant en ce moment
sous un magnifique saule pleureur dont les branches
tombaient jusque sur la surface de l'eau, il en saisit une
des plus fortes, et employant en même temps l'adresse,
la force et l'agilité, il se hissa sur l'arbre, sans bruit, et
s'assit sur la bifurcation des premières branches, sans
craindre d'être découvert.

De là il vit que l'individu avec lequel Hayraddin con-
versait était un homme de sa caste; mais il reconnut en
même temps, à sa grande mortification, qu'ils parlaient
une langue dont il ne pouvait comprendre un seul mot.
Ils riaient beaucoup; et, comme Hayraddin fit un
mouvement comme s'il s'esquivait, et finit par se frotter

les épaules, Quentin en conclut qu'il lui racontait l'histoire de la bastonnade qu'il avait reçue avant sa fuite du couvent.

Tout à coup on entendit à quelque distance un nouveau coup de sifflet; Hayraddin y répondit en sonnant du cor, comme il l'avait fait en arrivant, et, quelques instans après, un nouveau personnage parut sur la scène. C'était un homme grand, vigoureux, ayant l'air martial, et dont les formes robustes formaient un contraste frappant avec la petite taille et le corps grêle des deux Bohémiens. Un large baudrier, passé sur son épaule, soutenait un grand sabre. Son haut-de-chausses couvert d'entailles, d'où sortaient des bouffettes en soie et en taffetas de diverses couleurs, était attaché au moins par cinq cents aiguillettes en ruban à une jaquette de buffle bien serrée, sur la manche droite de laquelle on voyait une plaque en argent, représentant une tête de sanglier, indice du chef sous lequel il servait. Le chapeau qu'il portait de côté sur l'oreille, laissait voir une grande quantité de cheveux crépus qui ombrageaient son large visage, et allaient se mêler avec une barbe non moins large, d'environ quatre pouces de longueur. Il tenait à la main une longue lance, et tout son équipement annonçait un de ces aventuriers allemands, connus sous le nom de *lanzknechts*, en français lansquenets (1), qui formaient à cette époque une partie formidable de l'infanterie. Ces mercenaires étaient une soldatesque féroce ne songeant qu'au pillage; un conte absurde courait parmi eux, que la porte du ciel avait été fermée à un lansquenet à cause de ses vices, et

(1) Lanciers.

qu'on avait refusé de le recevoir en enfer à cause de son caractère mutin, querelleur et insubordonné : il en résultait qu'ils agissaient en gens qui n'aspiraient pas au ciel et qui ne redoutaient pas l'enfer.

— *Donner und blitz!* s'écria-t-il en arrivant ; et il parla ensuite une sorte de jargon franco-germain, dont nous ne pourrons donner qu'une idée très-imparfaite : — Pourquoi vous m'avoir fait perdre trois nuits à vous attendre ?

— Je n'ai pas pu vous voir plus tôt, *mein herr*, répondit Hayraddin, avec un ton de soumission. Il y a un jeune Écossais, qui a l'œil aussi vif qu'un chat sauvage, qui épie mes moindres mouvemens. Il me soupçonne déjà ; si ses soupçons se confirmaient, je serais un homme mort, et il reconduirait ces femmes en France.

— *Washenker!* dit le lansquenet, nous être trois ; nous les attaquer demain, et enlever les femmes sans aller plus loin. Vous m'avoir dit les deux gardes être des poltrons, vous et votre camarade en avoir soin, et, *der Teufel!* moi me charger du chat sauvage.

— Vous ne trouverez pas cela si facile, dit le Bohémien ; car, outre que notre métier à nous autres n'est pas de nous battre, notre Écossais est un gaillard qui s'est mesuré avec le meilleur chevalier de toute la France, et qui s'en est tiré avec honneur. Je l'ai vu de mes propres yeux serrer Dunois d'assez près.

— *Hagel und sturmwetter!* s'écria l'Allemand ; votre lâcheté vous fait parler ainsi.

— Je ne suis pas plus lâche que vous, *mein herr*, mais, encore une fois, mon métier n'est pas de me battre. Si vous conservez l'embuscade à l'endroit convenu, c'est fort bien; sinon je les conduis en sûreté au palais de l'évêque; et Guillaume de la Marck pourra aisément les y aller chercher, s'il est la moitié aussi fort qu'il prétendait l'être, il y a huit jours.

— *Potz tausend!* Nous être aussi forts et plus forts. Mais nous avoir entendu parler d'une centaine de lances arrivées de Bourgogne; et à cinq hommes par lance, voyez-vous, c'est juste cinq cents; en ce cas, *der Teufel!* eux avoir bien plus d'envie de nous chercher que nous de les trouver, car l'évêque avoir de bonnes forces sur pied; oui, avoir de bonnes forces.

— Il faut donc vous en tenir à l'embuscade de la Croix-des-Trois-Rois, ou renoncer à l'aventure.

— Renoncer à l'aventure! renoncer à enlever une riche héritière pour être la femme de notre noble capitaine! *Der Teufel!* Moi plutôt attaquer l'enfer! *Meine seele!* nous tous devenir bientôt des princes et des *hertzogs*, que vous appelez ducs; avoir une bonne cave, du bon argent de France en abondance, et peut-être quelques jolies filles par-dessus le marché, quand le Barbu en avoir assez.

— Ainsi donc, l'embuscade de la Croix-de-Trois-Rois tient toujours?

— *Mein Gott,* oui sans doute. Vous jurer de les y amener, et quand eux être descendus de cheval, et être à genoux devant la croix, ce que personne ne manque à faire excepté des fils païens, comme toi, nous tomber sur eux, et les femmes être à nous.

— Fort bien, mais je n'ai promis de me charger de cette affaire qu'à une condition : je n'entends pas qu'on touche à un seul cheveu de la tête du jeune homme. Si vous m'en faites serment par les carcasses de vos trois

Rois qui sont à Cologne, je vous jurerai par les sept Dormans (1) de vous servir fidèlement pour tout le reste. Et, si vous ne tenez pas votre serment, je vous préviens que les sept Dormans viendront vous éveiller sept nuits de suite, et qu'à la huitième ils vous étrangleront et vous dévoreront.

— Mais, *Donner und hagel!* pourquoi vous être si inquiet de la vie de ce jeune homme? lui n'être pas de votre sang ni de votre nation.

— Que vous importe, honnête Heinrick? il y a des gens qui aiment à couper la gorge aux autres, et il y en a qui se plaisent à leur sauver le cou. Ainsi, jurez-moi qu'il ne lui en coûtera ni la vie, ni la moindre blessure, ou, de par la brillante étoile d'Oldebaoran (2), cette affaire n'ira pas plus loin. Jurez-le-moi par les trois Rois de Cologne, comme vous les appelez, car je sais que vous ne faites cas d'aucun autre serment.

— Toi être vraiment comique! dit l'Allemand. Eh bien donc, moi jurer....

— Un moment, s'écria Hayraddin; demi-tour à droite, brave lansquenet, et tournez la tête du côté de l'orient, afin que les trois Rois vous entendent.

Le soldat prêta le serment de la manière qui lui était

(1) La tradition des *sept Dormans* est, comme on sait, d'origine orientale; dans son incrédulité, Hayraddin ne néglige pas de se servir des superstitions qu'on attribue à ceux de sa race, pour menacer la crédulité des autres. On pourrait dire que l'auteur transforme ici les *sept Dormans* en somnambules, à moins qu'il ne s'agisse d'une autre tradition moins connue. — Éᴅ.

(2) Aldebaram ou Aldebaran; étoile fixe de la première grandeur dans l'œil du taureau, près des Hyades. Le Maugrabin invoque ici l'astrologie judiciaire.

prescrite, et dit ensuite qu'il se tiendrait à l'embuscade, et que l'endroit était fort convenable, puisqu'il n'était guère qu'à cinq milles de distance du lieu où ils se trouvaient.

— Mais, ajouta-t-il, pour rendre l'affaire bien sûre, moi penser convenable de placer quelques braves gens sur la gauche de l'auberge, afin de tomber sur eux, si eux avoir la fantaisie de passer par là.

— Non, répondit le Bohémien après avoir réfléchi un moment, la vue de ces soldats de ce côté pourrait alarmer la garnison de Namur, et alors il y aurait un combat douteux, au lieu d'un succès assuré. D'ailleurs ils suivront la rive droite de la Meuse, car je puis les conduire comme bon me semble, ce montagnard écossais, malgré sa méfiance, s'en rapportant entièrement à moi pour le guider, et n'ayant jamais demandé l'avis de personne sur la route qu'il doit suivre. Mais aussi je lui ai été donné par un ami sûr, par un homme de la parole duquel personne ne s'est jamais méfié, avant d'avoir appris à le connaître un peu.

— Maintenant, l'ami Hayraddin, dit le lansquenet, moi avoir une petite question à vous faire. Moi pas concevoir comment avoir pu faire que vous et votre frère étant, comme vous le prétendre, de grands *sternendeuter*, que vous appeler astrologues, vous n'avoir pas prévu que lui devoir être pendu. *Hunker!* cela n'être-t-il pas singulier ?

— Je vous dirai, Heinrick, répliqua le Bohémien, que si j'avais su que mon frère était assez fou pour aller raconter au duc de Bourgogne les secrets du roi Louis, j'aurais prédit sa mort aussi assurément que je prédirais le beau temps en juillet. Louis a des oreilles et des mains à la cour de Bourgogne, et le duc a quelques conseillers pour qui le son de l'or de France est aussi agréable que le glouglou d'une bouteille l'est pour vous. Mais adieu, et ne manquez pas de vous trouver au rendez-vous. Il faut que j'attende à la pointe du jour mon Écossais à une portée de flèche de l'auge de ces pourceaux fainéans, sans quoi il me soupçonnerait d'avoir fait une excursion peu favorable au succès de son voyage.

— Toi pouvoir pas partir sans boire avec moi une coup de consolation, dit l'Allemand. Oh! mais, moi oublier, toi assez bête pour ne boire que de l'eau, comme un vil vassal de Mahomet et de Termagant.

— Tu n'es, toi-même, qu'un esclave du vin et du flacon, dit le Bohémien. Je ne suis pas surpris que ceux qui sont altérés de sang te confient l'exécution des mesures de violence que de meilleures têtes ont imaginées. Quand on veut connaître les pensées des autres, ou cacher les siennes, il ne faut pas boire de vin. Mais à quoi bon te prêcher, toi qui es toujours aussi altéré que les sables de l'Arabie. Adieu, emmène avec toi mon camarade Tuisco, car, si on le voyait rôder près du monastère, cela donnerait des soupçons.

Les deux illustres alliés se séparèrent alors, après s'être promis de nouveau de ne pas manquer au rendez-vous fixé à la Croix-des-Trois-Rois.

Durward les suivit long-temps des yeux, et descendit de l'arbre. Son cœur battait en songeant combien peu il s'en était fallu que la belle comtesse ne fût victime d'un complot tramé avec une si profonde perfidie, si toutefois il était encore possible de le déjouer. Craignant de rencontrer Hayraddin en retournant au monastère, il fit un long détour, au risque d'avoir à passer par quelques mauvais sentiers.

Chemin faisant, il réfléchit très-attentivement sur ce qu'il avait à faire. En entendant Hayraddin faire l'aveu de sa trahison, il avait d'abord pris la résolution de le mettre à mort aussitôt que la conférence serait terminée, et que ses compagnons seraient à une distance suffisante; mais quand il l'eut entendu exprimer tant d'intérêt pour lui sauver la vie, il sentit qu'il lui serait difficile d'infliger à ce traître, dans toute son étendue, le châtiment que méritait sa perfidie. Il résolut donc d'épargner ses jours, et même de continuer, s'il était possible, à l'employer comme guide, en prenant toutes les précautions nécessaires pour la sûreté de la belle comtesse, à qui il s'était promis de dévouer sa vie.

Mais que fallait-il faire? les dames de Croye ne pouvaient se réfugier en Bourgogne, d'où elles avaient été, obligées de s'enfuir; ni en France, d'où elles avaient été en quelque sorte, renvoyées. La violence du duc Charles, dans le premier de ces deux pays, n'était guère moins à craindre pour elles que la politique froide et tyrannique du roi dans l'autre. Après y avoir profondément réfléchi, Durward ne put imaginer rien de mieux que d'éviter l'embuscade, en suivant la rive gauche de la Meuse pour se rendre à Liège, où ces dames, conformément à leur premier projet, se mettraient sous la protection du saint évêque. On ne pouvait douter que ce prélat n'eût la volonté de les protéger; et, s'il avait reçu un renfort de cent hommes d'armes, il en avait le pouvoir. Dans tous les cas, si les dangers auxquels l'exposaient les hostilités de Guillaume de la Marck et les troubles de la ville de Liège devenaient imminens, il pouvait toujours envoyer ces malheureuses dames en Allemagne, avec une escorte convenable.

Pour conclusion, (car quel homme a jamais terminé une délibération sans quelque considération personnelle?) Quentin pensa que le roi Louis, en le condamnant de sang-froid à la mort ou à la captivité, l'avait délié de ses engagemens envers la couronne de France, et il prit la résolution positive de s'en affranchir. L'évêque de Liège avait probablement besoin de soldats; et, par la protection des belles comtesses, qui maintenant, et surtout la comtesse Hameline, le traitaient avec beaucoup de familiarité, il pouvait obtenir de lui quelque commandement, peut-être même être chargé de conduire les dames de Croye dans quelque place qui leur offrît plus de sûreté que Liège et ses environs. Enfin, elles avaient parlé, quoique en quelque sorte en badinant, de lever les vassaux de la comtesse Isabelle, comme beaucoup de seigneurs le faisaient dans ces temps de troubles, et de fortifier son château de manière à le mettre en état de résister à toute attaque; elles lui avaient demandé en plaisantant s'il voulait être leur sénéchal, et remplir cette place périlleuse; et comme il avait accepté cette proposition avec autant de zèle que d'empressement, elles lui avaient permis de leur baiser la main, en signe de sa promotion à cette fonction honorable et de confiance. Il avait même cru remarquer que la main de la comtesse Isabelle, une des mains les plus belles et les mieux faites qui eussent jamais reçu pareil hommage d'un vassal dévoué, avait tremblé tandis que ses lèvres s'y reposaient un instant de plus que ne l'exigeait le cérémonial, et que ses joues et ses yeux avaient donné quelques marques de confusion quand elle l'avait retirée. Quelque chose ne pouvait-il pas résulter de tout cela? Et quel homme brave, à l'âge de Quentin, n'aurait pas permis à de semblables considérations d'influer un peu sur sa détermination?

Ce point réglé, il eut à réfléchir sur la manière dont il agirait à l'égard de l'infidèle Bohémien. Il avait renoncé à sa première idée de le tuer dans le bois même; mais s'il prenait un autre guide, et qu'il le laissât en liberté, c'était envoyer le traître au camp de Guillaume de la Marck, pour y porter la nouvelle de leur marche. Il pensa à prendre le prieur pour confident, en l'engageant à retenir le Bohémien prisonnier jusqu'à ce qu'ils eussent le temps d'arriver à Liège; mais, en y réfléchissant, il n'osa pas hasarder de faire une pareille proposition à un homme que la vieillesse avait dû rendre timide; et qui, comme moine, considérant la sûreté de son couvent comme le plus important de ses devoirs, tremblait au seul nom du Sanglier des Ardennes.

Enfin il arrêta un plan d'opération sur lequel il crut d'autant mieux pouvoir compter, que l'exécution n'en dépendrait que de lui-même; et pour la cause qu'il avait embrassée, il se sentait capable de tout. Aussi résolu que hardi, quoique sans se dissimuler les dangers de sa position, Quentin pouvait être comparé à un homme qui marche chargé d'un fardeau dont il sent la pesanteur, mais qu'il ne croit pas au-dessus de ses forces. Ce plan venait d'être arrêté dans son esprit, quand il arriva au couvent.

Il frappa doucement à la porte; un frère, que le prieur avait eu l'attention d'y placer pour l'attendre, lui ouvrit;

et, l'informant que tous les frères devaient rester dans l'église jusqu'au point du jour, pour prier Dieu de pardonner les divers scandales qui avaient eu lieu dans la communauté pendant la soirée précédente, il proposa à Quentin d'aller partager leurs exercices de dévotion; mais les vêtemens du jeune Ecossais étaient tellement mouillés, qu'il ne crut pas devoir accepter cette offre, et il demanda la permission d'aller s'asseoir près du feu de la cuisine, afin de pouvoir sécher ses habits avant de se mettre en route. Il désirait d'ailleurs que le Bohémien, quand il le reverrait, n'aperçut rien en lui qui pût le porter à soupçonner son excursion nocturne.

Le digne frère non-seulement lui accorda sa demande, mais voulut même lui tenir compagnie; circonstance dont Durward fut d'autant plus charmé, qu'il désirait se procurer quelques renseignemens sur les deux routes dont il avait entendu parler pendant la conversation du Bohémien avec le lansquenet.

Le frère, qui justement se trouvait souvent chargé des affaires extérieures du couvent, était de toute la communauté celui qui pouvait le mieux répondre aux questions que Quentin lui fit à ce sujet; mais il ajouta qu'en bonnes pèlerines, c'était un devoir pour les dames qu'il escortait de suivre la rive droite de la Meuse, afin de payer le tribut de la dévotion devant la Croix-des-Trois-Rois, élevée à l'endroit où les saintes reliques de Gaspard, de Melchior et de Balthazar, noms que donne l'Église catholique aux trois mages qui vinrent de l'Orient pour apporter leurs offrandes à Bethléem, s'étaient arrêtées lorsqu'on les transportait à Cologne, et où elles avaient fait plusieurs miracles.

Quentin lui répondit que ces pieuses dames étaient déterminées à observer avec la plus grande ponctualité toutes les saintes stations de leur pèlerinage, et qu'elles visiteraient certainement celle de la Croix-des-Trois-Rois, soit en allant à Cologne, soit en en revenant; mais qu'elles avaient entendu dire que la route sur la rive droite de la Meuse était peu sûre, attendu qu'elle était infestée par les soldats du féroce Guillaume de la Marck.

— A Dieu ne plaise, s'écria le frère François, que le Sanglier des Ardennes ait porté de nouveau sa bauge si près de nous! Au surplus, quand cela serait vrai, la Meuse est assez large pour établir une bonne barrière entre lui et nous.

— Mais elle n'établira aucune barrière entre ces dames et ce maraudeur, répondit Quentin, si nous la traversons pour prendre la route de la rive droite.

— La ciel protègera ceux qui lui appartiennent, jeune homme, répliqua le frère. Les trois Rois de la bienheureuse ville de Cologne ne laissent pas même entrer dans l'enceinte de ses murs un juif ou un infidèle; il serait bien dur de penser qu'ils pussent commettre un assez grand oubli pour permettre que de dignes pèlerins venant leur rendre hommage devant la croix élevée en leur honneur, fussent pillés et maltraités par un chien de mécréant comme ce Sanglier des Ardennes, qui est pire que tout un camp de païens sarrasins, et les dix tribus d'Israël par-dessus le marché.

Quelque confiance que Quentin, en bon catholique, fût tenu d'accorder à la protection spéciale de Gaspard, de Melchior et de Balthazar, il ne put s'empêcher de réfléchir que les comtesses n'ayant pris le titre de pèlerines que par les conseils d'une politique mondaine, elles n'avaient pas trop le droit d'espérer que les trois mages les mettraient sous leur sauvegarde en cette occasion ; et, en conséquence, il résolut de leur épargner, autant que possible, le besoin d'une intervention miraculeuse. Cependant, dans la simplicité de sa bonne foi, il fit vœu de faire lui-même, en propre personne, un pèlerinage aux trois Rois de Cologne, si ces illustres personnages, de sainte et royale mémoire, lui permettaient de conduire à bon port les dames qu'il escortait.

Afin de contracter cette obligation avec toute la solennité possible, il pria le frère François de le faire entrer dans une des chapelles latérales du couvent ; et là, se mettant à genoux avec une dévotion sincère, il ratifia le vœu qu'il venait de faire intérieurement. Le son des voix des moines qui chantaient dans le chœur, l'heure solennelle à laquelle il fesait cet acte religieux, l'effet de la faible clarté qu'une seule lampe répandait dans ce petit édifice gothique, tout contribua à jeter Durward dans cet état où l'homme reconnaît le plus facilement la faiblesse humaine, et cherche cette aide et cette protection surnaturelle qu'aucune croyance ne promet qu'au repentir du passé et à une ferme résolution d'amendement pour l'avenir. Si l'objet de sa dévotion était mal placé, ce n'était pas la faute de Quentin ; et ses prières étant sincères, nous aurions peine à croire qu'elles ne furent pas favorablement accueillies du seul vrai Dieu, qui regarde les intentions et non les formes, et aux yeux duquel la dévotion sincère d'un païen est plus estimable que l'hypocrisie spécieuse d'un pharisien.

S'étant recommandé, sans oublier ses malheureuses compagnes, à la protection des saints et à la garde de la Providence, Quentin alla se reposer le reste de la nuit, laissant le frère édifié de la ferveur et de la sincérité de sa dévotion.

CHAPITRE XVIII.

LA CHIROMANCIE.

« Quand joyeuses chansons et contes plus joyeux
» Adoucissaient pour nous un chemin sinueux,
» Nous craignions d'arriver à la fin du voyage.
» Mais d'un enchantement le tout était l'ouvrage;
» Ce chemin escarpé, faisant mille détours,
» Au point d'où nous partions nous ramenait toujours. »

SAMUEL JOHNSON.

L'AURORE commençait à peine à paraître, quand Durward, sortant de sa petite cellule, éveilla les palefreniers endormis, et surveilla, avec un soin encore plus particulier que de coutume, tous les préparatifs du départ. Ce fut lui-même qui examina si les brides, les mors et tous les harnais des chevaux étaient en bon état; il vérifia s'ils étaient bien ferrés, afin que le hasard n'amenât pas quelques-uns de ces accidens qui, quoique peu importans en eux-mêmes, n'en retardent pas moins les voyageurs dans leur route. Il voulut aussi qu'on donnât l'avoine aux chevaux en sa présence, afin d'être sûr qu'ils seraient en état de faire une bonne journée, ou une course forcée, si le cas l'exigeait.

Retournant alors dans sa chambre, il s'arma avec un soin tout particulier, et ceignit son épée en homme qui prévoit un danger prochain, et qui a pris la ferme résolution de le braver.

Ces sentimens généreux lui donnèrent une fierté de démarche et un air de dignité que les dames de Croye n'avaient pas encore remarqués en lui, quoiqu'elles eussent vu avec plaisir et intérêt la grace et la naïveté de ses discours et de sa conduite, ainsi que l'alliance de son intelligence naturelle avec cette simplicité qu'il devait à son pays et à son éducation. Il leur donna à entendre qu'il serait à propos qu'elles partissent de meilleure heure que de coutume, et en conséquence elles quittèrent le couvent après avoir déjeuné, non sans avoir témoigné leur reconnaissance de l'hospitalité qu'elles avaient reçue, par une offrande qu'elles firent aux pieds des autels, et qui convenait mieux à leur rang véritable qu'à ce qu'elles paraissaient être. Cette libéralité ne fit pourtant naître aucun soupçon : elles passaient pour Anglaises, et ces insulaires jouissaient dès ce temps-là de cette réputation de richesse qu'ils conservent encore aujourd'hui.

Le prieur leur donna sa bénédiction pendant qu'elles montaient à cheval, et félicita Quentin de l'absence de son guide païen. — Car, ajouta cet homme vénérable, il vaut mieux trébucher en chemin, que d'être soutenu par la main d'un voleur ou d'un brigand.

Durward ne partageait pas tout-à-fait cette opinion;

quoiqu'il sût que le Bohémien était dangereux, il croyait pouvoir profiter de ses services, et déjouer en même temps ses projets de trahison, maintenant qu'il les connaissait. Mais ses inquiétudes à ce sujet ne durèrent pas long-temps, car à peine la petite cavalcade était-elle à trois cents pas du monastère et du village, qu'il aperçut Hayraddin monté à l'ordinaire sur son petit cheval plein de feu. Le chemin côtoyait ce même ruisseau sur les rives duquel Quentin avait entendu la conférence mystérieuse de la nuit précédente, et il n'y avait pas long-temps que le Bohémien les avait rejoints, quand ils passèrent sous le saule qui avait fourni à Durward le moyen de se cacher pour écouter, sans être aperçu, la conversation du guide perfide avec le lansquenet.

Les souvenirs que ce lieu fit naître dans l'esprit de Quentin le portèrent à adresser brusquement la parole au Bohémien, à qui il avait à peine dit un mot jusqu'alors.

— Où as-tu passé cette nuit, profane coquin? lui demanda-t-il.

— Vous pouvez aisément le deviner en regardant mes habits, répondit Hayraddin qui lui montra du doigt ses vêtemens encore couverts de foin.

— Une meule de foin, répliqua Durward, est un lit fort convenable pour un astrologue, et beaucoup meilleur que n'en mérite un païen qui ose blasphémer contre notre sainte religion et ses ministres.

— Mon Klepper s'en est pourtant trouvé mieux que moi, dit Hayraddin en caressant le cou de son cheval, car il y a rencontré en même temps abri et nourriture. Ces vieux fous de tondus l'ont mis à la porte comme s'ils avaient peur que le cheval d'un homme d'esprit pût infecter de bon sens et de sagacité toute une congrégation d'ânes. Heureusement Klepper connaît ma manière de siffler, et il me suit comme un chien, sans quoi nous ne nous serions jamais revus; et vous auriez pu siffler à votre tour pour trouver un guide.

— Je t'ai déjà recommandé plus d'une fois, lui dit Quentin en le regardant d'un air sévère, de réprimer la licence de ta langue quand tu te trouves dans la compagnie de personnes honnêtes, ce qui, je crois, ne t'était guère arrivé jusqu'à ce jour; et je te promets que si je te croyais un guide aussi infidèle que je te crois impie et blasphémateur, mon poignard écossais ne tarderait pas à faire connaissance avec ton cœur de païen, quoique ce fût me dégrader au rang du boucher qui égorge un pourceau.

Le Bohémien, sans baisser les yeux sous le regard perçant de Quentin, et sans renoncer au ton d'indifférence caustique avec lequel il parlait toujours, répondit : — Le sanglier est proche parent du pourceau, et cependant il y a bien des gens qui trouvent honneur, plaisir et profit à le tuer.

Étonné de la confiance et de la hardiesse de cet homme, et craignant qu'il ne connût quelques points de son histoire et de ses sentimens, sur lesquels il ne se souciait pas d'entrer en conversation avec lui, Quentin rompit brusquement un entretien dans lequel il n'avait obtenu aucun avantage sur le Maugrabin, et retourna à son poste ordinaire, c'est-à-dire à côté des deux dames.

Nous avons déjà fait observer qu'il s'était établi entre elles et lui un certain degré de familiarité. La comtesse Hameline, après s'être bien assurée de la noblesse de sa naissance, le traitait en égal et en favori ; et, quoique sa nièce laissât voir moins ostensiblement l'estime qu'elle avait pour lui, néanmoins, à travers sa retenue et sa timidité, Quentin croyait reconnaître que sa compagnie et sa conversation ne lui étaient nullement indifférentes.

Rien n'anime la gaieté de la jeunesse comme la certitude qu'elle plaît en s'y livant. Aussi Quentin, pendant tout le voyage, avait-il déployé toutes ses ressources pour amuser la belle comtesse, tantôt par un entretien enjoué, tantôt en lui chantant les chansons de son pays en sa propre langue, quelquefois en lui en racontant les traditions ; les efforts qu'il faisait pour les mettre en français, langue qu'il ne connaissait pas encore parfaitement, occasionaient souvent cent petites méprises plus divertissantes que la narration même. Mais ce matin, livré à ses pensées inquiètes, il restait à côté des dames de Croye sans faire, suivant son usage, aucune tentative pour les amuser, et elles ne purent s'empêcher de trouver son silence extraordinaire.

— Notre jeune champion a vu un loup, dit la comtesse Hameline, faisant allusion à une ancienne superstition, et cette rencontre lui a fait perdre la langue.

— Dire que j'ai dépisté un renard, ce serait frapper plus près du but, pensa Quentin ; mais ce fut tout bas qu'il fit cette réflexion.

— Êtes-vous indisposé, M. Quentin, lui demanda la comtesse Isabelle avec un ton d'intérêt dont elle ne put s'empêcher de rougir, parce qu'elle sentait que c'était s'avancer un peu plus que ne le permettait la distance qui les séparait.

— Il a passé la nuit à table avec les bons frères, dit

la comtesse Hameline. Les Écossais sont comme les Allemands, qui font une telle dépense de gaieté en buvant leur vin du Rhin, qu'ils n'apportent à la danse, dans la soirée, que des jambes mal assurées, et dans le boudoir des dames, le lendemain matin, que des maux de tête.

— Je ne mérite pas de tels reproches, belles dames, répondit Durward. Les bons frères ont passé à l'église presque toute la nuit; et quant à moi, j'ai à peine bu un verre de leur vin le plus commun.

— C'est peut-être la mauvaise chère qui lui a fait perdre sa gaieté, dit la comtesse Isabelle. Allons, M. Quentin, consolez-vous; si jamais nous allons ensemble dans mon ancien château de Braquemont, quand je devrais être moi-même votre échanson, et vous le présenter, vous aurez un verre d'excellent vin, bien au-dessus de celui que produisent les fameuses vignes d'Hoccheim ou de Johannisberg.

— Un verre d'eau de *votre* main, noble dame..., dit Quentin; mais la voix lui manqua, et Isabelle reprit la parole comme si elle n'avait fait aucune attention à l'accent de tendresse avec lequel il avait appuyé sur le pronom possessif.

— Ce vin, dit-elle, fut placé dans les caves de Braquemont par mon bisaïeul le rhingrave Gottfried.

— Qui obtint la main de sa bisaïeule, dit la comtesse Hameline en l'interrompant, pour s'être montré le plus vaillant des enfans de la chevalerie au grand tournois de Strasbourg, où dix chevaliers perdirent la vie dans la lice. Mais ce temps est passé. Personne aujourd'hui ne pense plus à s'exposer aux périls pour acquérir de l'honneur, ou pour secourir la beauté.

Elle parlait ainsi du ton que prend une beauté moderne dont les charmes commencent à être sur le retour, quand on l'entend se plaindre du peu de politesse du siècle actuel. Quentin prit sur lui de répondre qu'on ne manquait pas encore de cet esprit de chevalerie qu'elle semblait regarder comme éteint, et que, quand il aurait disparu du reste de la terre, on le retrouverait encore dans le cœur des gentilshommes écossais.

— Écoutez-le! s'écria la comtesse Hameline; il voudrait nous faire croire que son pays froid et stérile conserve encore ce noble feu éteint en France et en Allemagne! Le pauvre jeune homme ressemble aux montagnards suisses, qui ne connaissent rien de si beau que leur affreux pays : il nous parlera bientôt des vignes et des oliviers d'Écosse.

— Non, madame, répondit Durward; tout ce que je puis dire du vin et de l'huile qu'on trouve sur nos montagnes, c'est que notre épée sait contraindre nos voisins plus riches à nous payer un tribut de ces riches productions. Mais quant à la foi sans tache, quant à l'honneur sans reproche de l'Écosse, je suis forcé de mettre à l'épreuve en ce moment la confiance que vous y accordez, quoique l'humble individu qui vous la demande ne puisse vous offrir rien de plus pour gage de votre sûreté.

— Vous parlez mystérieusement, dit la comtesse Hameline; vous connaissez donc quelque danger qui nous menace aujourd'hui.

— Je l'ai lu dans ses yeux depuis une heure! s'écria Isabelle en joignant les mains. Sainte Vierge! qu'allons-nous devenir?

— Rien que ce qu'il vous plaira, dit Durward; je l'espère du moins. Mais je suis obligé de vous le demander, nobles dames, pouvez-vous vous fier à moi!

— Nous fier à vous! répondit la comtesse Hameline; certainement. Mais pourquoi cette question? et jusqu'à quel point nous demandez-vous notre confiance?

— Quant à moi, dit Isabelle, je vous l'accorde tout entière et sans réserve; et, si vous pouvez nous tromper, Quentin, je croirai qu'il n'existe de sincérité que dans le ciel.

— Noble dame, répondit Durward au comble de ses vœux, vous ne faites que me rendre justice. Mon projet est de changer notre route, et de nous rendre à Liège en suivant la rive gauche de la Meuse, au lieu de la traverser à Namur. C'est m'écarter des ordres que j'ai reçus du roi Louis, et des instructions qu'il a données à notre guide. Mais j'ai entendu dire dans le couvent d'où nous sortons, qu'on a vu des maraudeurs sur la rive droite de ce fleuve, et que le duc de Bourgogne a mis en campagne des troupes pour les réprimer. Ces deux circonstances me donnent des craintes pour votre sûreté. Ai-je votre permission pour faire ce changement à votre route?

— Ma pleine et entière permission, répondit la comtesse Isabelle.

— Je crois, comme vous, ma nièce, lui dit sa tante, que le jeune homme a de bonnes intentions; mais songez-vous que c'est contrevenir aux instructions que nous a données le roi Louis, qui nous les a si souvent répétées?

— Et pourquoi aurions-nous égard à ses instructions? dit Isabelle. Grace au ciel, je ne suis pas sa sujette. Je m'étais confiée à sa protection, et il a abusé de la confiance qu'il m'avait engagée à lui accorder. Je ne voudrais pas faire injure à ce jeune homme en mettant un instant sa parole en balance contre les injonctions de ce tyran artificieux et égoïste.

—Que le ciel vous récompense de ce que vous venez de dire! s'écria Durward avec transport. Si je ne justifiais pas la confiance que vous daignez m'accorder, être déchiré par des chevaux indomptés en ce monde, et exposé dans l'autre à d'éternelles tortures, serait un supplice trop doux pour moi.

A ces mots, il piqua des deux, et alla rejoindre le Bohémien. Le caractère de ce digne personnage paraissait être tout-à-fait passif. Les injures et les menaces ne faisaient aucune impression sur lui, et, s'il ne les pardonnait pas, il semblait du moins les oublier. Durward entra en conversation avec lui, et son guide lui répondit avec la même tranquillité que s'il ne se fût rien passé de désagréable entre eux dans le cours de la matinée.

—Le chien, pensa le jeune Écossais, n'aboie pas en ce moment, parce qu'il a dessein de régler ses comptes avec moi tout d'un coup, en me sautant à la gorge quand il pourra le faire impunément; mais nous verrons s'il n'est pas possible de battre un traître par ses propres armes. — Eh bien! honnête Hayraddin, depuis que vous voyagez avec nous, vous ne nous avez pas encore donné un échantillon de vos talens en chiromancie; et cependant vous aimez tant à les exercer qu'il faut que vous déployiez votre science dans chaque couvent où nous faisons halte, au risque d'avoir à passer la nuit sur une meule de foin.

—Vous ne me l'avez jamais demandé, répondit l'Égyptien ; vous êtes comme le reste du monde, vous vous contentez de tourner en ridicule les mystères que vous ne pouvez concevoir.

— Allons, donnez-moi une preuve de votre science, dit Quentin ; et, ôtant son gantelet, il lui présenta sa main.

Hayraddin examina avec beaucoup d'attention toutes les lignes qui la traversaient, ainsi que les petites élévations qui se trouvaient à la naissance des doigts, et auxquelles on supposait alors avec le caractère, les habitudes et la fortune des individus, le même rapport qu'on attribue aujourd'hui aux protubérances du crâne.

— Voici une main, dit-il ensuite, qui parle de travaux endurés, de dangers encourus. J'y lis qu'elle a fait connaissance de bonne heure avec la garde du glaive, et que cependant elle n'a pas toujours été étrangère aux agrafes du missel.

— Tu peux avoir appris quelque chose des événemens de ma vie passée ; parle-moi plutôt de l'avenir.

— Cette ligne, partant du mont de Vénus, qui n'est pas interrompue brusquement, mais qui suit et accompagne la ligne de vie, m'annonce qu'un mariage vous procurera une fortune brillante, et qu'un amour couronné par le succès vous placera parmi les grands et les riches du monde.

— Ce sont des promesses que vous prodiguez à chacun, c'est un des secrets de votre art.

— Ce que je vous prédis est aussi certain qu'il est sûr que vous serez menacé avant peu d'un grand danger; car je le lis dans cette ligne brillante, couleur de sang, qui coupe transversalement la ligne de vie, et qui annonce un coup d'épée ou quelque autre violence; et vous n'y échapperez que par l'attachement d'un ami fidèle.

— Le tien, n'est-ce pas? s'écria Durward, indigné que le chiromancien voulût en imposer à sa crédulité, et se faire une réputation en lui prédisant ainsi les conséquences de sa propre trahison.

— Mon art ne m'apprend rien de ce qui me concerne, répondit le Bohémien.

— En ce cas, reprit Quentin, les devins de mon pays sont plus savans que les vôtres, avec leur science si vantée, car ils savent prévoir les dangers qui les menacent eux-mêmes. Je n'ai pas quitté mes montagnes sans avoir participé jusqu'à un certain point au don de seconde vue, dont leurs habitans sont doués ; et je vais t'en donner une preuve, en échange de ton échantillon de chiromancie. Hayraddin, le danger qui me menace existe sur la rive droite de la Meuse, et pour l'éviter, je me rendrai à Liège en suivant la rive gauche.

Le Bohémien l'écouta avec un air d'apathie qui, dans les circonstances où il se trouvait, parut incompréhensible à Durward.

— Si vous exécutez ce dessein, répondit le Bohémien, en ce cas le danger passera de vous à moi.

— Il me semble que tu me disais, il y a un instant, que ton art ne t'apprenait rien de ce qui pouvait te concerner?

— Pas de la même manière qu'il m'a appris ce qui vous regarde; mais il ne faut pas être grand sorcier, pour peu qu'on connaisse Louis de Valois, pour prédire qu'il fera pendre votre guide, parce que votre bon plaisir aura été de vous écarter de la route qui vous a été prescrite.

— Pourvu que nous arrivions heureusement et en sûreté au terme de notre voyage, on ne peut nous reprocher une légère déviation de la ligne qui nous a été indiquée.

— Sans doute; si vous êtes sûr que le dessein du roi soit que votre voyage se termine de la manière qu'il vous l'a dit.

— Et comment serait-il possible qu'il eût voulu qu'il se terminât différemment? Quel motif avez-vous pour supposer qu'il avait d'autres vues que celles qu'il m'a énoncées lui-même?

— Tout simplement parce que tous ceux qui connaissent un peu le roi très-chrétien, savent que le projet qu'il a le plus à cœur est toujours celui dont il parle le moins. Quand il fait partir douze ambassadeurs, je consens à abandonner mon cou à la corde un an plus tôt que cela ne m'est dû, s'il n'y en a pas onze qui ont au fond de leur encrier quelque chose de plus que ce que la plume a écrit sur leurs lettres de créance.

— Je ne m'inquiète nullement de vos soupçons honteux. Mon devoir est clair et positif; c'est de conduire ces dames en sûreté à Liège. Je crois y mieux réussir en déviant un peu de la route qui nous a été prescrite, et je prends sur moi de le faire. Nous suivrons donc la rive gauche de la Meuse. D'ailleurs c'est le chemin le plus direct pour aller à Liège : en traversant le fleuve, nous ne ferions que perdre du temps et nous exposer à des fatigues, sans aucune utilité. Pourquoi agirions-nous ainsi?

— Uniquement parce que tous les pèlerins qui vont à Cologne traversent toujours la Meuse avant d'arriver à Liège, et que ces dames voulant passer pour des pèlerines, la route que vous vous proposez de prendre prouvera qu'elles ne sont pas ce qu'elles prétendent être.

— Si l'on nous fait quelque observation à cet égard, nous dirons que les alarmes que nous ont données le duc de Gueldres, Guillaume de la Marck, les écorcheurs et les lansquenets qui infestent la rive droite, nous ont déterminés à ne pas suivre la route ordinaire, et à rester sur la rive gauche.

— Comme il vous plaira; quant à moi, il m'est parfaitement égal de vous conduire par la rive gauche ou par la rive droite. Ce sera votre affaire de vous justifier auprès de votre maître.

Quentin fut assez surpris de la facilité avec laquelle Hayraddin consentait à ce changement de route, ou du moins du peu de répugnance qu'il y montrait; mais il n'en fut pas moins charmé, car il avait encore besoin de ses services comme guide, et il craignait que le Bohémien, voyant son projet de trahison déjoué, ne se portât à quelque extrémité. D'ailleurs, se séparer de lui était le plus sûr moyen d'attirer sur eux Guillaume de la Marck, avec qui il était en correspondance, au lieu qu'en le conservant en tête de la cavalcade, il croyait pouvoir le surveiller d'assez près pour l'empêcher d'avoir, à son insu, des communications avec qui que ce fût.

Renonçant donc à toute idée de suivre la route qu'ils avaient eu d'abord intention de prendre, ils cotoyèrent la rive gauche de la Meuse, et ils firent tant de diligence qu'ils furent assez heureux pour arriver le lendemain de bonne heure au but de leur voyage. Ils trouvèrent que l'évêque de Liège, par raison de santé, comme il le disait, mais peut-être pour n'avoir rien à craindre de la population nombreuse et turbulente de cette ville, avait fixé sa résidence dans son beau château de Schonwaldt, à environ un mille de Liège.

Comme ils approchaient de ce château, ils virent le prélat qui revenait processionnellement de la ville voisine, où il avait été célébrer pontificalement la grand'messe. Il était à la tête d'une suite nombreuse de fonctionnaires civils et ecclésiastiques, mêlés ensemble ; et il marchait, comme le dit une vieille ballade,

> Précédé de maint porte-croix,
> Et suivi de plus d'une lance.

Cette procession offrait un noble et beau spectacle, en suivant les bords verdoyans de la Meuse ; elle fit un détour sur la droite et alla disparaître sous le grand portail gothique qui formait l'entrée du château épiscopal.

Mais lorsque nos voyageurs en furent plus près, ils virent que tout annonçait au-dehors les craintes et les inquiétudes qui régnaient au-dedans, ce qui faisait un contraste frappant avec le cérémonial pompeux dont ils venaient d'être témoins. Des piquets de la garde de l'évêque étaient placés à la porte, et à différens postes avancés : l'apparence belliqueuse de cette cour ecclésiastique annonçait que le révérend prélat craignait quelques dangers qui l'obligeaient à s'entourer de toutes les précautions d'une guerre défensive.

Quentin ayant annoncé les comtesses de Croye, on les fit entrer dans un grand salon où l'évêque les reçut à la tête de sa petite cour, et leur fit l'accueil le plus cordial. Il ne voulut pas leur permettre de lui baiser la main, mais il les embrassa sur la joue avec un air qui tenait en même temps de la galanterie d'un prince qui voit avec plaisir de jolies femmes, et de la sainte affection d'un pasteur pour ses ouailles.

Louis de Bourbon, évêque de Liège, était véritablement un prince dont l'excellent cœur était plein de générosité. Peut-être sa vie privée n'avait-elle pas toujours été un modèle de cette stricte régularité dont le clergé doit donner l'exemple (1); mais il avait toujours dignement soutenu le caractère de franchise et d'honneur de la maison de Bourbon dont il descendait.

Dans les derniers temps, et à mesure qu'il avançait en âge, ce prélat avait adopté un genre de vie plus convenable à un membre de la hiérarchie dont il faisait partie; et les princes voisins le chérissaient comme un noble ecclésiastique, généreux et magnifique dans sa conduite habituelle, quoique peu distingué par la rectitude et la sévérité de son caractère, et tenant les rênes du gouvernement avec une indolence insouciante qui, au lieu de réprimer les projets séditieux de ses sujets riches et turbulens, semblait plutôt les encourager.

L'évêque était si étroitement allié avec le duc de Bourgogne, que ce prince se regardait presque comme associé à la souveraineté temporelle du pays de Liège, et il récompensait la facilité avec laquelle le prélat admettait des prétentions qui auraient pu être contestées, en prenant son parti en toute occasion avec ce zèle fougueux et violent qui le caractérisait. Il avait coutume de dire qu'il regardait Liège comme à lui, et l'évêque

---

(1) C'était en effet un prélat dont la morale était peu sévère, et que Comines ne traite pas favorablement. — Éd.

comme son frère (le duc avait épousé en premières noces une sœur de ce prélat); et que quiconque serait ennemi de Louis de Bourbon, aurait affaire à Charles de Bourgogne: menace qui, d'après le caractère et la puissance du duc, aurait entretenu l'effroi partout ailleurs que parmi les riches et mécontens citoyens de la ville de Liège, où, suivant un ancien proverbe, *il y avait plus d'argent que de bon sens.*

Le prélat, comme nous l'avons dit, assura les dames de Croye qu'il emploierait en leur faveur tout le crédit dont il jouissait à la cour de Bourgogne; et il se flattait d'autant plus d'y réussir, que, d'après quelques découvertes qui avaient eu lieu tout récemment, Campo Basso ne possédait plus le même degré de faveur à la cour de son maître. Il leur promit aussi toute la protection qu'il pouvait leur accorder; mais par le soupir dont cette promesse fut accompagnée, il semblait reconnaître que son pouvoir était plus précaire qu'il ne jugeait convenable de l'avouer.

— Dans tous les cas, mes chères filles, ajouta-t-il avec un air dans lequel, comme dans son premier accueil, on voyait un mélange d'onction spirituelle et de cette galanterie qui est comme héréditaire dans la maison de Bourbon, à Dieu ne plaise que j'abandonne jamais la brebis innocente au loup dévorant, et de nobles dames à l'oppression de mécréans. Je suis un homme de paix, quoique ma demeure retentisse du bruit des armes; mais soyez persuadées que je veillerai à votre sûreté comme à la mienne; et, si l'état des choses devenait plus dangereux dans les environs, quoique j'espère, avec la grace de Notre-Dame, que les esprits se calmeront au lieu de s'enflammer davantage, j'aurais soin de vous faire conduire sans danger en Allemagne ; car la volonté même de notre frère et de notre protecteur Charles de Bourgogne, ne pourrait nous décider à disposer de vous d'une manière contraire à vos inclinations. Nous ne pouvons satisfaire le désir que vous nous montrez d'être placées dans un couvent ; car, hélas ! telle est l'influence des enfans de Bélial sur les habitans de la ville de Liège, que nous ne connaissons pas de retraite sur laquelle notre autorité s'étende hors de l'enceinte de ce château, et loin de la protection de nos soldats. Mais vous êtes les bienvenues ici, votre suite y sera honorablement reçue, notamment ce jeune homme que vous avez recommandé si particulièrement à notre bienveillance, et à qui nous donnons notre bénédiction.

Quentin s'agenouilla, comme de raison, pour recevoir la bénédiction épiscopale.

— Quant à vous, continua le bon prélat, vous résiderez ici avec ma sœur Isabelle, chanoinesse de Trèves, et vous pouvez demeurer avec elle en tout honneur, même sous le toit d'un galant comme l'évêque de Liège.

En terminant cette harangue de bienvenue, le prélat conduisit les dames à l'appartement de sa sœur ; et le maître de sa maison, officier qui, ayant reçu l'ordre du diaconat, n'était ni tout-à-fait séculier, ni tout-à-fait ecclésiastique, fut chargé de remplir auprès de Quentin les devoirs de l'hospitalité. Le reste de la suite des dames de Croye fut confié au soin des domestiques inférieurs.

Dans tous ces arrangemens, Quentin ne put s'empêcher de remarquer que la présence du Bohémien, qui avait été un objet de scandale pour tous les couvens du pays, ne donna lieu à aucune remarque ni à aucune objection dans la maison de ce prélat riche, et nous pouvons peut-être ajouter mondain.

CHAPITRE XIX.

LA CITÉ.

» Amis, mes chers amis, gardez-vous de penser
» Qu'à la sédition je veuille vous pousser! »
SHAKSPEARE. *Jules César.*

Séparé de la comtesse Isabelle, dont les yeux avaient été depuis plusieurs jours son étoile polaire, Quentin sentit dans son cœur un vide étrange, et un froid glacial qu'il n'avait pas encore éprouvé au milieu de toutes les vicissitudes auxquelles le cours de sa vie avait été exposé. Sans doute la fin des relations intimes et familières que la nécessité avait établies entre eux était la suite inévitable de son arrivée à une résidence fixe; car sous quel prétexte, quand même elle en aurait eu la volonté, aurait-elle pu, sans inconvenance, avoir constamment à sa suite un jeune écuyer tel que Quentin?

Mais quelque indispensable que parût cette séparation, le chagrin qu'elle occasiona à Durward n'en fut pas moins pénible; et sa fierté s'irrita en voyant qu'on le quittait comme un guide ordinaire ou un soldat d'escorte qui avait terminé ses fonctions. Ses yeux laissèrent même tomber en secret une ou deux larmes sur les ruines de ces châteaux aériens que son imagination s'était occupée à construire pendant un voyage trop intéressant. Il fit un effort sur lui-même pour sortir de cet abattement d'esprit, mais ce fut d'abord sans y réussir. S'abandonnant donc aux idées qu'il ne pouvait bannir, il s'assit dans l'embrasure profonde d'une des croisées qui éclairaient le grand vestibule gothique de Schonwaldt, et réfléchit sur la cruauté de la fortune, qui ne lui avait accordé ni le rang ni la richesse dont il aurait eu besoin pour arriver au terme de ses vœux. Il en fut pourtant distrait enfin, et rentra presque dans son caractère habituel; quand ses yeux tombèrent par hasard sur un vieux poëme romantique (1) récemment imprimé à Strasbourg qui se trouvait sur l'appui de la croisée, et dont le sommaire annonçait :

— Comment un écuyer d'une obscure famille,
Du roi de la Hongrie aima jadis la fille.

Tandis qu'il parcourait les caractères gothiques d'un passage qui avait tant de rapport avec sa propre situation, Durward se sentit toucher sur l'épaule; et, levant les yeux aussitôt, il aperçut le Bohémien.

(1) *A Romaunt.* C'est le titre gothique que lord Byron donne à son Childe-Harold. — Éd.

Hayraddin, qu'il n'avait jamais vu avec plaisir, lui était devenu odieux depuis la découverte de sa trahison, et il lui demanda d'un ton brusque, pourquoi il osait prendre la liberté de toucher un chrétien et un gentilhomme.

— Tout simplement, répondit son ancien guide, parce que je voulais voir si le gentilhomme chrétien avait perdu le sentiment comme la vue et l'ouïe. Il y a cinq minutes que je suis devant vous à vous parler, tandis que vous restez les yeux fixés sur ce parchemin jaune, comme si c'était un charme pour vous changer en statue, et qu'il eût déjà produit son effet à moitié.

— Eh bien ! que te faut-il ? Parle, et va-t'en.

— Il me faut ce qu'il faut à tout le monde, et ce dont personne ne se contente, ce qui m'est dû, dix couronnes d'or, pour avoir servi de guide aux dames depuis Tours jusqu'ici.

— De quel front oses-tu me demander une autre récompense que celle de te laisser ton indigne vie ? Tu sais que ton projet était de les trahir en route.

— Mais je ne les ai pas trahies; si je l'avais fait, ce ne serait ni à vous ni à elles que je demanderais mon salaire, mais à celui qui aurait pu profiter de leur passage sur la rive droite de la Meuse. Ceux que j'ai servis sont ceux qui doivent me payer.

— Périsse donc ton salaire avec toi, traître ! s'écria Durward en comptant l'argent qu'il réclamait; car, en sa qualité de majordome, on lui avait remis de quoi défrayer toutes les dépenses du voyage. Va trouver le Sanglier des Ardennes, ou le diable, mais ne te montre plus à mes yeux, à moins que tu ne veuilles que je te dépêche aux enfers plus tôt qu'on ne t'y attend.

— Le Sanglier des Ardennes! répéta le Bohémien avec plus de surprise que ses traits n'en laissaient apercevoir ordinairement; ce n'était donc pas une conjecture vague, un soupçon sans objet fixe, qui vous ont fait insister pour changer de route? Serait-il possible qu'il existât réellement dans d'autres contrées un art divinatoire plus sûr que celui de nos tribus errantes? Le saule sous lequel nous parlions n'a pu faire de rapport. Mais, non, non, non, stupide que je suis! Je sais ce que c'est, j'y suis : ce saule sur le bord du ruisseau, près du couvent des Franciscains, je vous ai vu le regarder en passant, à un demi-mille de distance environ de cette ruche de bourdons fainéans; le saule n'a pu parler, mais ses branches pouvaient cacher quelqu'un qui nous écoutait. Dorénavant je tiendrai mes conseils en plaine; il n'y aura pas près de moi une touffe de chardons qui puisse cacher un Écossais. Ah! ah! l'Écossais a battu le Zingaro avec ses propres armes! Mais apprenez, Quentin Durward, que vous m'avez traversé dans mes projets au détriment de vos propres intérêts. Oui, la fortune que je vous ai prédite, d'après les lignes de votre main, était faite sans votre obstination.

— Par saint André! ton impudence me fait rire en dépit de moi-même! En quoi et comment le succès de ton infame trahison aurait-il pu m'être utile? Je sais que tu m'avais stipulé la vie sauve, condition que tes dignes alliés auraient bientôt oubliée quand nous en serions venus aux coups; mais à quoi aurait pu me servir ta noire perfidie, si ce n'est à m'exposer à la mort ou à la captivité : c'est un mystère au-dessus de l'intelligence humaine.

— Ce n'est donc pas la peine d'y penser, car ma reconnaissance vous ménage encore une surprise. Si vous aviez retenu mon salaire, je me serais regardé comme quitte envers vous, et je vous aurais abandonné aux conseils de votre folie : mais dans la situation où sont les choses, je suis toujours votre débiteur pour l'affaire des bords du Cher.

— Il me semble que je me suis assez bien payé en injures et en malédictions.

— Paroles d'outrages et paroles de bonté ne sont que du vent, et n'ajoutent pas le moindre poids dans la balance. Si par hasard vous m'aviez frappé, au lieu de me menacer....

— C'est un genre de paiement que je pourrai bien prendre, si tu me provoques plus long-temps.

— Je ne vous le conseille pas, car un pareil paiement, fait par une main inconsidérée, pourrait excéder la dette, et mettre malheureusement la balance contre vous, ce que je ne suis homme ni à nier, ni à pardonner. Maintenant il faut que je vous quitte, mais ce n'est pas pour long-temps. Je vais faire mes adieux aux dames de Croye.

— Toi! s'écria Quentin au comble de l'étonnement; toi, être admis en la présence de ces dames! dans ce château où elles vivent presque en recluses; quand elles sont sous la protection d'une noble chanoinesse, sœur de l'évêque!.... Impossible!

— Marton m'attend pourtant pour me conduire près d'elles, répliqua le Zingaro avec le sourire de l'ironie; et il faut que je vous prie de me pardonner si je vous quitte si brusquement.

A ces mots, il fit quelques pas pour s'éloigner; mais,

se retournant tout à coup, il revint près de Quentin, et lui dit avec une emphase solennelle : — Je connais vos espérances : elles sont audacieuses ; mais elles ne seront pas vaines, si je les appuie de mon aide. Je connais vos craintes : elles doivent vous donner de la prudence, mais non de la timidité. Il n'existe pas de femme qu'on ne puisse gagner. Le titre de comte n'est qu'un sobriquet, et il peut convenir à Quentin aussi bien que celui de duc à Charles, et celui de roi à Louis.

Avant que Durward eût eu le temps de lui répondre, Hayraddin était parti. Quentin le suivit à l'instant même; mais le Bohémien, connaissant mieux que l'Écossais les distributions intérieures du château, conserva l'avantage qu'il avait gagné, et disparut à ses yeux en descendant un petit escalier dérobé. Durward continua pourtant à le poursuivre, quoiqu'il sût à peine pourquoi il cherchait à l'atteindre. L'escalier se terminait par une porte donnant sur un jardin ; il y entra, et revit le Zingaro qui en franchissait en courant les allées irrégulières.

Ce jardin était bordé des deux côtés par les bâtimens du château, qui, par sa construction, ressemblait autant à une citadelle qu'à un édifice religieux ; des deux autres, il était fermé par un mur fortifié, d'une grande hauteur. Traversant une autre allée du jardin pour se rendre vers une partie des bâtimens où l'on voyait une petite porte derrière un arc-boutant massif, tapissé de lierre, Hayraddin se retourna vers Durward, et lui fit un geste de la main en signe d'adieu ou de triomphe. En effet, Quentin vit Marton ouvrir la porte, et introduire le vil Bohémien, comme il le conclut naturellement, dans l'appartement des comtesses de Croye. Il se mordit les lèvres d'indignation, et se reprocha de n'avoir pas fait connaître aux deux dames toute l'infamie du caractère d'Hayraddin, et le complot qu'il avait tramé contre leur sûreté. L'air d'arrogance avec lequel le Bohémien lui avait promis d'appuyer ses prétentions, ajoutait à sa colère et à son dégoût ; il lui semblait même que la main de la comtesse Isabelle serait profanée, s'il était possible qu'il la dût à une telle protection. — Mais tout cela n'est que déception, pensa-t-il, quelque artifice de jongleur. Il s'est procuré accès près de ces dames sous quelque faux prétexte, et dans de mauvaises intentions. Il est heureux que j'aie appris où est leur appartement. Je tâcherai de voir Marton, et je solliciterai une entrevue avec ses belles maîtresses, ne fût-ce que pour les avertir de se tenir sur leurs gardes. Il est dur que je sois obligé d'avoir recours à des voies détournées, et de subir des délais, quand un être pareil est admis ouvertement et sans scrupule. Elles verront pourtant que, quoique je sois exclu de leur présence, la sûreté d'Isabelle n'en est pas moins le principal objet de ma vigilance.

Pendant que le jeune amant faisait ces réflexions, un vieil officier de la maison de l'évêque, entrant dans le jardin par la même porte qui y avait donné entrée à Durward, s'approcha de lui et l'informa, avec la plus grande civilité, que ce jardin n'était pas public, mais qu'il était exclusivement réservé à l'évêque et aux hôtes de la première distinction qu'il pouvait recevoir.

Il fut obligé de répéter deux fois cet avis avant que Quentin le comprît parfaitement. Durward, sortant tout à coup de sa rêverie, le salua, et sortit du jardin, l'officier le suivant pas à pas, en l'accablant d'excuses motivées sur la nécessité où il était de remplir ses devoirs. Il semblait même tellement craindre d'avoir offensé le jeune étranger, qu'il lui offrit de lui tenir compagnie pour tâcher de le désennuyer. Quentin, maudissant au fond du cœur sa politesse officieuse, ne vit pas de meilleur moyen pour s'en débarrasser, que de prétexter le désir d'aller voir la ville voisine, et il partit d'un si bon pas, que le vieillard perdit bientôt l'envie de l'accompagner au-delà du pont-levis. Au bout de quelques minutes, Quentin se trouva dans l'enceinte des murs de Liège, qui était alors une des villes les plus riches de la Flandre, et par conséquent du monde entier.

La mélancolie, et même la mélancolie d'amour n'est pas si profondément enracinée, du moins dans les caractères mâles, que les enthousiastes qui en sont attaqués aiment à se le persuader. Elle cède aux impressions frappantes et inattendues faites sur les sens par des scènes qui donnent naissance à de nouvelles idées, et par le spectacle bruyant d'une ville populeuse. Au bout de quelques minutes, les divers objets qui se succédaient rapidement dans les rues de Liège occupèrent l'attention de Quentin aussi entièrement que s'il n'eût existé dans l'univers ni Bohémien ni comtesse Isabelle.

Les rues sombres et étroites, mais imposantes par l'élévation des maisons; les magasins et les boutiques offrant un étalage splendide des marchandises les plus précieuses et des plus riches armures; la foule de citoyens affairés, de toutes conditions, passant et repassant avec un air important ou affairé; les énormes chariots allant et venant, les uns chargés de draps, de serges, d'armes, de clous et de quincaillerie de toute espèce; les autres, de tous les objets de luxe et de nécessité qu'exigeait la consommation d'une ville opulente et populeuse, et dont une partie, achetée par voie d'échange, était même destinée à être ensuite transportée ailleurs; tous ces objets réunis formaient un tableau mouvant d'activité, de richesse et de splendeur, qui captivait l'attention, et dont Quentin ne s'était pas fait une idée jusqu'alors. Il admirait aussi les divers canaux ouverts pour communiquer avec la Meuse, et qui, traversant la ville dans tous les sens, offraient au commerce, dans tous les quartiers, les facilités du transport par eau. Enfin il ne manqua pas d'aller entendre une messe dans la vieille et vénérable église de Saint-Lambert, construite, dit-on, pendant le huitième siècle.

Ce fut en sortant de cet édifice consacré au culte religieux, que Quentin commença à remarquer qu'après avoir examiné tout ce qui l'entourait avec une curiosité qu'il ne cherchait pas à réprimer, il était devenu lui-même l'objet de l'attention de plusieurs groupes de bons bourgeois qui paraissaient occupés à l'examiner quand il quitta l'église, et parmi lesquels il s'élevait un bruit sourd, une sorte de chuchotement qui passait de l'un à l'autre. Le nombre des curieux continuait à s'augmenter à chaque instant, et les yeux de tous ceux qui arrivaient se dirigeaient vers lui avec un air d'intérêt et de curiosité auquel se mêlait même un certain respect.

Enfin il se trouva le centre d'un rassemblement nombreux qui s'ouvrait pourtant devant lui pour lui livrer passage ; mais ceux qui le composaient, tout en suivant ses pas, avaient grand soin de ne pas le serrer de trop près, et de ne le gêner aucunement dans sa marche. Cette position était pourtant embarrassante pour Durward; et il ne put la supporter plus long-temps sans faire quelques efforts pour en sortir, ou du moins pour en obtenir l'explication.

Jetant les yeux autour de lui, et remarquant un homme à figure respectable, qu'à son habit de velours et à sa chaîne d'or il crut être un des principaux bourgeois, et peut-être même un des magistrats de la ville, il lui demanda si l'on voyait en lui quelque chose de particulier qui pût attirer l'attention publique à un degré si extraordinaire, ou si les Liégeois étaient dans l'usage de s'amasser ainsi autour des étrangers que le hasard amenait dans leur ville.

— Non certainement, mon bon monsieur, répondit le bourgeois : les citoyens de Liège ne sont ni assez curieux, ni assez peu occupés, pour adopter une telle coutume; et l'on ne remarque dans votre air ni dans votre costume rien qui ne soit parfaitement accueilli dans cette ville, rien que nos habitans ne soient charmés de voir et ne désirent honorer.

— On ne peut rien entendre de plus poli, monsieur; mais, par la croix de saint André, je ne puis concevoir ce que vous voulez dire.

— Ce serment joint à votre accent, monsieur, me prouve que nous ne nous sommes pas trompés dans nos conjectures.

— Par mon patron saint Quentin, je vous comprends moins que jamais.

— Encore mieux, dit le Liégeois avec un air politique et un sourire d'intelligence, mais toujours très-civilement. — Certes il ne nous convient pas d'avoir l'air de voir ce que vous jugez à propos de cacher ; mais pourquoi jurer par saint Quentin, si vous ne voulez pas que j'attache un certain sens à vos paroles ? Nous savons que le bon comte de Saint-Pol est maintenant dans la ville qui porte ce nom, et qu'il favorise notre cause.

— Sur ma vie, s'écria Quentin, vous êtes trompé par quelque illusion. Je ne connais pas le comte de Saint-Pol.

— Oh! nous ne vous faisons pas de questions, mon digne monsieur ; et cependant, écoutez-moi ; un mot à l'oreille : Je me nomme Pavillon.

— Et en quoi cela me concerne-t-il, M. Pavillon?

— Oh! en rien. Seulement il me semble que cela doit vous convaincre que vous pouvez avoir confiance en moi ; et voici mon collègue Rouslaer.

Rouslaer s'avança. C'était un fonctionnaire bien nourri, dont le gros ventre lui frayait un chemin dans la foule, comme un bélier fait une brèche aux murailles d'une ville. Il s'approcha de Pavillon d'un air mystérieux, et lui dit avec un accent de reproche : — Vous oubliez, mon cher collègue, que nous sommes dans un lieu trop public. Monsieur voudra bien venir chez vous ou chez moi, boire un verre de vin du Rhin au sucre, et alors il nous en dira davantage sur notre digne ami, notre bon allié, que nous aimons avec toute l'honnêteté de nos cœurs flamands.

— Je n'ai absolument rien à vous dire, s'écria Durward d'un ton d'impatience ; je ne boirai pas de vin du Rhin, et tout ce que je vous demande, puisque vous êtes des hommes respectables, qui devez avoir du crédit, c'est d'écarter cette foule oisive qui m'environne, et de permettre à un étranger de sortir de votre ville aussi tranquillement qu'il y est entré.

— Eh bien! monsieur, dit Rouslaer, puisque vous tenez tant à garder l'incognito, même à l'égard de nous, qui sommes des hommes de confiance, permettez-moi de vous demander tout simplement pourquoi vous porteriez la marque distinctive de votre corps, si vous vouliez rester inconnu à Liège?

— De quelle marque, de quel corps parlez-vous? s'écria Quentin. Vous avez l'air d'hommes graves, de citoyens respectables; mais, sur mon ame, vous avez perdu l'esprit, ou vous voulez me le faire perdre.

— *Sapperment!* s'écria Pavillon, ce jeune homme ferait jurer saint Lambert! Qui a jamais porté une toque avec la croix de saint André et les fleurs de lis, sinon les archers de la garde écossaise du roi Louis XI?

— Et en supposant que je sois un archer de la garde, qu'y a-t-il d'étonnant que je porte la toque de ma compagnie? dit Quentin avec un ton d'impatience.

— Il l'a avoué! il l'a avoué! s'écrièrent en même temps Rouslaer et Pavillon en se tournant vers la foule avec un air de triomphe, les bras levés, les mains étendues, et leurs larges figures rayonnant de plaisir. Il convient qu'il est archer de la garde de Louis, de Louis, le gardien des libertés de la ville de Liège?

Un tumulte universel s'ensuivit, et l'on entendit retentir les cris suivans dans la foule: — Vive Louis de France! vive la garde écossaise! vive le brave archer! Nos libertés, nos privilèges ou la mort! Plus d'impôts! Vive le vaillant Sanglier des Ardennes! A bas Charles de Bourgogne! Confusion à Bourbon et à son évêché!

Ce tumulte ne finissait pas plus tôt d'un côté qu'il

recommençait de l'autre, alternant ainsi comme le murmure des vagues, et augmenté du chorus de mille voix qui partaient de toutes les rues et de toutes les places. Quentin assourdi eut à peine le temps de faire une conjecture, et de se former un plan de conduite.

Il avait oublié que, dans son combat contre le duc d'Orléans et contre Dunois, son casque ayant été fendu d'un coup de sabre par ce dernier, un de ses camarades, par ordre de lord Crawford, l'avait remplacé par une des toques doublées en acier qui faisaient partie de l'uniforme des archers de la garde écossaise. Or, un membre de ce corps, qui, comme on le savait, entourait toujours la personne de Louis XI, se montrant dans les rues d'une ville où le mécontentement avait été attisé par les manœuvres des agens de ce monarque, sa présence était naturellement interprétée par les Liégeois comme l'annonce de la détermination qu'il avait prise d'embrasser ouvertement leur parti. La vue d'un seul de ses archers leur paraissait le gage d'un appui immédiat et efficace. Quelques-uns même y voyaient l'assurance que les forces auxiliaires de Louis arrivaient en ce moment par une des portes de la ville, quoique personne ne pût dire laquelle.

Quentin vit sur-le-champ qu'il était impossible de détruire une erreur si généralement adoptée; il sentit même qu'il ne pourrait essayer de détromper des hommes si opiniâtrément attachés à leur idée, sans courir quelques risques personnels; et il ne voyait pas la nécessité de s'y exposer en cette occasion. Il prit donc à la hâte la résolution de temporiser, et de se délivrer de cette foule empressée le mieux qu'il le pourrait. Cependant on le conduisait à la maison de ville, où les plus notables habitans se rassemblaient déjà pour apprendre les nouvelles dont ils le supposaient porteur, et pour lui offrir un banquet splendide.

En dépit de toutes ses remontrances, qu'on attribuait à sa modestie, il fut entouré par les distributeurs de la popularité, dont le flux importun se dirigeait alors vers lui. Ses deux amis les bourguemestres, qui étaient *schoppen*, ou syndics de la ville, avaient passé leurs bras sous les siens. Nickel Blok, chef de la corporation des bouchers, accouru à la hâte de sa tuerie, le précédait en brandissant son grand couteau encore teint du sang des victimes qu'il venait d'immoler avec un courage et une grace que le brandevin seul pouvait inspirer. Derrière Quentin on voyait le patriote Claus Hammerlein, grand homme n'ayant que la peau et les os, tellement ivre qu'il pouvait à peine se soutenir, et qui était président de la société des ouvriers en fer, dont un millier, plus sales les uns que les autres, marchaient à sa suite. Enfin, des cloutiers, des tisserands, des cordiers, et des ouvriers et artisans de toute espèce, sortaient en foule de chaque rue, et venaient grossir le cortège. Chercher à échapper à une telle foule, semblait une entreprise désespérée et qui ne pouvait réussir.

Dans cet embarras, Quentin eut recours à Rouslaer, qui lui tenait un bras, et à Pavillon, qui s'était accroché à l'autre, et qui tous deux le conduisaient à la tête de cette marche triomphale, qu'il avait occasionée si inopinément. Il les informa à la hâte qu'il avait pris sans y penser la toque de la garde écossaise, par suite d'un accident arrivé au casque qu'il devait porter pendant son voyage; il regretta que cette circonstance et la sagacité avec laquelle les Liégeois avaient découvert sa qualité et le motif de son arrivée dans leur ville, y eussent donné de la publicité, car, si on le conduisait à la maison de ville, il était possible qu'il se trouvât dans la nécessité de communiquer à tous les notables qui y seraient assemblés certaines choses que le roi l'avait chargé de réserver pour l'oreille privée de ses excellens compères *mein herrs* Rouslaer et Pavillon, de Liège.

Ces derniers mots opérèrent un effet magique sur les deux citoyens, qui étaient les principaux chefs des bourgeois insurgés, et qui, comme tous les démagogues de leur espèce, désiraient se réserver, autant qu'ils le pouvaient, la haute main dans toutes les affaires. Il fut donc convenu à la hâte entre eux que Durward sortirait de la ville, quant à présent, et qu'il y reviendrait la nuit suivante pour avoir une conférence particulière avec eux dans la maison de Rouslaer, située près de la porte faisant face au château de Schonwaldt. Quentin n'hésita pas à leur dire qu'il résidait alors dans le château de l'évêque, sous prétexte de lui porter des dépêches de la cour de France, quoique le véritable but de son voyage eût rapport aux citoyens de Liège, comme ils l'avaient fort bien deviné. Cette voie indirecte de communication, le rang de celui qu'on supposait en être chargé, s'accordaient si bien avec le caractère de Louis, qu'on ne pouvait concevoir ni doute ni surprise.

Presque aussitôt après cet éclaircissement, la foule arriva à la porte de la maison de Pavillon, dans une des principales rues de la ville, mais qui communiquait à la Meuse par derrière, au moyen d'un jardin et d'une grande tannerie, car le bourgeois patriote était tanneur de profession.

Il était naturel que Pavillon désirât faire les honneurs de sa demeure à l'envoyé prétendu de Louis XI, et une halte à sa porte ne surprit aucunement la multitude, qui, au contraire, accueillit *mein herr* Pavillon par de longs *vivat*, quand il fit entrer un hôte si distingué. Quentin se débarrassa aussitôt de sa toque trop remarquable, prit un chapeau de feutre, et cacha ses vêtemens sous un grand manteau. Pavillon lui remit alors un passeport, au moyen duquel il pourrait entrer dans Liège ou en sortir de nuit comme de jour, et il le confia aux soins de sa fille, jolie Flamande enjouée, à qui il donna les instructions nécessaires pour le faire sortir de Liège incognito. Il se rendit ensuite avec son collègue à la maison de ville, pour amuser leurs amis avec les meilleures excuses qu'ils purent inventer sur la disparition de l'envoyé de Louis. Nous ne pouvons, comme le dit le valet dans la comédie, nous rappeler précisément quel fut le mensonge que les béliers firent au troupeau; mais nulle tâche n'est plus facile que d'en imposer à la multitude dont les préjugés ont fait la moitié de la besogne, avant que le menteur ait prononcé une seule parole.

A peine le digne bourgeois était-il parti, que sa grosse fille Trudchen, rougissant avec un sourire qui convenait à ravir à ses lèvres vermeilles comme des cerises, à ses yeux bleus pleins de gaieté, et à son teint d'une blancheur parfaite, conduisit le jeune étranger à travers le jardin de son père, jusqu'au bord de l'eau, et le fit entrer dans une barque que deux vigoureux Flamands en pantalons courts, en chapeaux de fourrure, en jaquettes fermées par cent boutons, firent partir aussi promptement que le leur permit leur nature flamande.

Comme la jolie Trudchen ne parlait qu'allemand, Quentin, sans faire tort à sa fidèle tendresse pour la comtesse de Croye, ne put la remercier que par un baiser sur ses lèvres vermeilles ; baiser qui fut donné avec beaucoup de courtoisie et reçu avec une gratitude modeste, car des galans ayant des traits et une taille comme notre archer écossais, ne se rencontraient pas tous les jours parmi la bourgeoisie de Liège.

Tandis que la barque remontait la Meuse et traversait les fortifications de la ville, Quentin eut le temps de réfléchir sur le rapport qu'il devrait faire de son aventure à Liège quand il serait de retour au château de Schonwaldt. Ne voulant trahir la confiance de personne, quoiqu'on ne lui en eût accordé que par suite d'une méprise, mais désirant aussi ne pas cacher au digne prélat les dispositions à la mutinerie qui régnaient dans sa capitale, il résolut d'en parler en termes assez généraux pour mettre l'évêque sur ses gardes, sans désigner personne en particulier à sa vengeance.

Il débarqua à environ un demi-mille du château, et donna un *guilder* à ses conducteurs, qui parurent fort satisfaits de sa générosité. Quelque peu éloigné qu'il fût de Schonwaldt, la cloche du dîner avait déjà sonné quand il arriva, et il reconnut en outre qu'il y était arrivé par un autre côté que celui de l'entrée principale, et qu'il serait encore plus en retard s'il était obligé d'en faire le tour. Il continua donc à s'avancer vers le côté dont il était le plus près, d'autant plus qu'il y vit un mur fortifié, probablement celui qui servait de clôture au jardin dont nous avons déjà parlé ; une poterne était percée dans ce mur ; à côté de cette poterne était amarrée une petite barque qui servait sans doute à traverser le fossé, et il espéra qu'en appelant, on pourrait la lui envoyer.

Comme il s'en approchait dans cette espérance, la poterne s'ouvrit; un homme sortit du château, sauta seul dans la petite barque, vogua vers l'autre rive, descendit à terre, et se servit d'un long aviron pour repousser l'esquif au milieu de l'eau. Quentin reconnut le Bohémien; mais celui-ci évita sa rencontre, prit un autre chemin qui conduisait également à Liège, et disparut bientôt.

C'était encore un autre sujet de réflexions. Ce païen vagabond avait-il passé tout ce temps avec les dames de Croye? Quels motifs pouvaient-elles avoir eus pour lui accorder une si longue audience? Tourmenté par cette pensée, Durward y trouva un nouveau motif pour chercher à avoir une explication avec les deux comtesses, afin de les instruire de la perfidie d'Hayraddin, et de leur annoncer en même temps l'état dangereux dans lequel se trouvait placé leur protecteur l'évêque de Liège, par suite de l'esprit d'insurrection qui régnait dans cette ville.

Il venait de prendre cette résolution, quand il arriva à la grande porte du château; il y entra, et trouva à table, dans une grande salle, le clergé de l'évêque, les officiers supérieurs de sa maison, et quelques étrangers qui, n'étant pas du premier rang de la noblesse, ne pouvaient être admis à celle du prélat. On avait pourtant réservé pour le jeune Écossais une place au haut bout de la table, à côté du chapelain de l'évêque, qui l'accueillit en lui adressant le vieux dictum de collège *serò venientibus ossa* (1). Mais il prit soin en même temps

(1) Les os pour ceux qui viennent tard.

de le servir assez abondamment pour donner un démenti à cet adage, dont on dit dans le pays de Quentin que c'est une plaisanterie qui n'en est pas une, ou du moins qu'elle est de difficile digestion.

Pour qu'on ne l'accusât point d'avoir manqué de savoir-vivre en arrivant trop tard, Quentin fit la description du tumulte qui avait eu lieu à Liège quand on avait découvert qu'il appartenait à la garde écossaise de Louis XI; et il tâcha de donner à sa narration une tournure plaisante, en disant que ce n'avait pas été sans peine qu'il avait été tiré d'embarras par un gros bourgeois de Liège et sa jolie fille.

Mais la compagnie prenait trop d'intérêt à l'histoire pour goûter la plaisanterie. Toutes les opérations de la table furent suspendues pendant que Quentin faisait son récit; et, quand il l'eut terminé, il régna un silence solennel que le majordome rompit enfin en disant d'un air mélancolique : — Plût au ciel que ces cent lances de Bourgogne fussent arrivées !

— Pourquoi tant regretter leur absence? demanda Quentin. Vous ne manquez pas ici de soldats dont la guerre est le métier; et vos antagonistes ne sont que la canaille d'une ville en désordre : ils prendront la fuite dès qu'ils verront déployer une bannière soutenue par de braves hommes d'armes.

— Vous ne connaissez pas les Liégeois, répondit le chapelain. On peut dire d'eux que, sans même en excepter les Gantois, ce sont les mutins les plus indomptables de toute l'Europe. Le duc de Bourgogne les a châtiés deux fois de leurs révoltes réitérées contre l'évêque; deux fois il les a mis à la raison, leur a retiré leurs privilèges, s'est emparé de leurs bannières, et s'est attribué des droits dont devait être exempte une ville libre de l'Empire. La dernière fois, il en a fait un grand carnage près de Saint-Tron, journée qui coûta près de six mille hommes à Liège, les uns tués dans le combat, les autres noyés en fuyant. Pour les mettre hors d'état de se soulever de nouveau, le duc Charles refusa d'entrer dans la ville par aucune des portes dont on lui avait apporté les clefs ; mais il fit abattre quarante toises des murs, et entra dans Liège par la brèche, en conquérant, la visière baissée et la lance en arrêt, à la tête de tous ses chevaliers. Les Liégeois furent même bien convaincus que, sans l'intercession du duc Philippe-le-Bon, ce Charles, alors comte de Charolais, aurait livré leur ville au pillage ; et cependant, avec le souvenir de tous ces désastres, qui ne remontent pas encore bien loin, et leurs arsenaux étant à peine regarnis, ils n'ont besoin que de voir la toque d'un archer, pour songer à se livrer à de nouveaux désordres. Puisse Dieu leur inspirer de meilleurs sentimens! Mais entre une population si déterminée, et un souverain si impétueux, je crains que les choses ne se terminent pas sans effusion de sang. Je voudrais que mon bon et excellent maître eût un siège qui lui procurât moins d'honneur et plus de sûreté, car sa mitre est doublée d'épines au lieu d'hermine. Je vous parle ainsi, jeune étranger, pour vous faire sentir que, si vos affaires ne vous retiennent pas à Schonwaldt, c'est un endroit que tout homme de bon sens doit quitter le plus promptement possible. Je crois que vos dames sont du même avis, car elles ont renvoyé à la cour de France un des hommes de leur suite, avec des lettres qui annoncent sans doute leur intention de chercher un asile qui leur offre plus de sûreté.

CHAPITRE XX.

LE BILLET.

« Va ! va ! te voilà un homme, si tu veux l'être. Sinon,
» je te verrai encore figurer parmi les valets, et tu ne
» seras pas digne de toucher la main de la Fortune. »

SHAKSPEARE. *Le soir des Rois.*

QUAND on eut quitté la table, le chapelain, qui semblait avoir pris une sorte de goût pour la société de Durward, ou qui peut-être désirait en tirer de nouveaux renseignemens sur ce qui s'était passé le matin à Liége, le conduisit dans un salon dont les fenêtres donnaient d'un côté sur le jardin; et, comme il vit que les yeux de son jeune compagnon s'y tournaient sans cesse, il proposa d'y descendre pour voir les plantes curieuses et les arbustes étrangers dont les soins de l'évêque l'avaient orné.

Quentin s'en excusa, en lui racontant la manière

polie dont il en avait été expulsé le matin. — Il est vrai, lui dit le chapelain en souriant, qu'un ancien réglement défend d'entrer dans le jardin particulier de l'évêque, mais il a été établi lorsque notre révérend prince était encore jeune, et n'avait qu'un trentaine d'années. Un assez grand nombre de belles dames venaient alors au château pour y chercher des consolations spirituelles, et il fallait bien, ajouta-t-il en baissant les yeux avec un sourire moitié ingénu, moitié malin, que ces belles pénitentes, qui logeaient dans les appartemens qu'occupe aujourd'hui la noble chanoinesse, eussent un endroit où elles pussent prendre l'air sans avoir à craindre les regards des profanes. Mais depuis bien du temps, cette prohibition, sans avoir été formellement levée, est tombée tout-à-fait en désuétude, et n'existe plus que comme une superstition dans le cerveau d'un vieil huissier. Si vous le voulez donc, nous y descendrons, et nous verrons si nous recevrons le même compliment.

Rien ne pouvait être plus agréable pour Quentin que la perspective de pouvoir entrer librement dans ce jardin. De là, grace à quelque heureux hasard, comme un de ceux qui avaient déjà favorisé sa passion, il espérait avoir quelque communication avec l'objet adoré, ou du moins l'apercevoir à la fenêtre ou au balcon de quelque tourelle, comme à l'auberge des Fleurs-de-Lis, ou dans la tour du Dauphin au château du Plessis ; car, en quelque lieu qu'elle se trouvât, Isabelle semblait destinée à être la Dame de la Tourelle.

Lorsque Durward fut descendu dans le jardin avec son nouvel ami, celui-ci semblait être un philosophe terrestre, entièrement occupé des choses de ce monde; tandis que les yeux du jeune Écossais, s'ils ne cherchaient pas le firmament, comme ceux d'un astrologue, s'élevaient sans cesse vers les fenêtres et les balcons de toutes les tourelles qui flanquaient le vieil édifice, pour tâcher d'y découvrir sa Cynosure (1).

Pendant qu'il s'occupait ainsi, le jeune amant entendit avec une indifférence parfaite, si toutefois il l'entendit, la nomenclature des plantes, des herbes et des arbustes que son révérend conducteur désignait à son attention. Cette plante était précieuse, car elle était utile en médecine ; celle-ci l'était davantage, car elle donnait une excellente saveur à un ragoût ; mais cette troisième l'était encore bien plus, car elle n'avait d'autre mérite que sa rareté. Il fallait pourtant que Durward eût au moins l'air d'écouter ces détails insignifians pour lui, ce qui ne lui était pas très-facile, et il donnait au diable de tout son cœur le naturaliste officieux et tout le règne végétal. Enfin le son d'une cloche se fit entendre ; et, comme elle appelait le chapelain à quelque devoir religieux qu'il avait à remplir, Quentin se trouva délivré de sa présence.

Le chapelain ne le quitta pourtant qu'après lui avoir fait cent excuses fort inutiles sur la nécessité où il se trouvait de le laisser seul, et finit par lui donner l'agréable assurance qu'il pouvait se promener dans ce jardin jusqu'à l'heure du souper, sans courir grand risque d'y être troublé.

— C'est l'endroit où je viens toujours apprendre mes homélies, lui dit-il, parce que j'y suis à l'abri des importuns. Je vais en ce moment en prononcer une dans

(1) C'est-à-dire son étoile polaire, l'astre qu'adorait son cœur. Cynosure est le nom d'une constellation appelée aussi la petite Ourse ; étoile polaire. — Éd.

la chapelle; s'il vous plaisait de me faire l'honneur de venir l'entendre..... On veut bien m'accorder quelque talent; mais gloire en soit rendue à qui de droit.

Quentin s'en excusa sous le prétexte d'un grand mal de tête pour lequel le grand air devait être le meilleur remède; et le prêtre obligeant le laissa enfin à lui-même.

On doit bien supposer que, dans l'inspection attentive qu'il fit alors plus à loisir de toutes les fenêtres et ouvertures donnant sur le jardin, ses yeux se fixèrent surtout sur celles qui étaient dans le voisinage immédiat de la petite porte par laquelle il avait vu Marton introduire Hayraddin dans l'appartement des comtesses, à ce qu'il présumait. Mais aucune apparence ne confirma ou ne réfuta ce que lui avait dit le Bohémien; et, le jour commençant à baisser, il pensa, sans savoir pourquoi, qu'une si longue promenade dans ce jardin pouvait paraître suspecte et être vue de mauvais œil.

Comme il venait de se décider à partir, et qu'il faisait, à ce qu'il croyait, un dernier tour sous les croisées qui avaient pour lui tant d'attraits, il entendit au-dessus de sa tête un léger bruit, comme de quelqu'un qui toussait avec précaution, et de manière à attirer son attention sans éveiller celle des autres. Levant les yeux avec autant de joie que de surprise, il vit une fenêtre s'entr'ouvrir. Une main de femme s'y montra un instant, et laissa échapper un papier qui tomba sur un romarin au bas du mur. La précaution qu'on avait prise pour lui faire tenir ce billet lui prescrivait la même prudence et le même mystère pour le lire. Le jardin, entouré de deux côtés, comme nous l'avons dit, par les bâtimens du palais épiscopal, était dominé nécessairement par un grand nombre de croisées de divers appartemens ; mais il s'y trouvait une espèce de grotte que le chapelain avait montrée à Quentin avec beaucoup de complaisance. Ramasser le billet, le cacher dans son sein, et courir vers cette retraite, fut l'affaire d'une minute. Là il ouvrit ce précieux billet, non sans bénir la mémoire des bons moines d'Aberbrothock, dont les soins l'avaient mis en état d'en faire la lecture.

— Lisez en secret. — Telle était l'injonction que contenait la première ligne : le reste de ce billet était conçu en ces termes :

— Ce que vos yeux m'ont exprimé avec trop d'audace, les miens l'ont compris peut-être avec trop de facilité. Mais une persécution injuste enhardit celle qui en est la victime, et il vaut mieux se confier à la gratitude d'un seul homme, que de rester exposée à la poursuite de plusieurs. La fortune a placé son trône sur un roc escarpé ; mais l'homme brave ne craint pas de le gravir. Si vous osez faire quelque chose pour une femme qui hasarde beaucoup, passez dans ce jardin demain à l'heure de prime, portant à votre bonnet un panache bleu et blanc. Jusque-là n'attendez pas de nouvelles communications. Les astres, dit-on, vous ont destiné aux grandeurs, et vous ont disposé à la reconnaissance. — Adieu, soyez fidèle, prompt et résolu, et ne doutez pas de la fortune. —

Ce billet contenait en outre une bague ornée d'un beau brillant, taillé en losange, sur lequel étaient gravées les armes antiques de la maison de Croye.

La première sensation de Quentin, en ce moment, fut une extase sans mélange. Sa joie et son orgueil semblaient l'élever jusqu'au ciel. Il prit la ferme résolution de mourir ou d'arriver au but de tous ses vœux : il ne songea aux obstacles qu'il pouvait rencontrer, que pour les mépriser.

Dans son enthousiasme, et ne pouvant endurer aucune interruption, quelque courte qu'elle fût, qui détournerait son esprit d'un sujet de contemplation si délicieux, il rentra à la hâte au palais, allégua, pour se dispenser de paraître au souper, le mal de tête qu'il avait déjà prétexté, alluma sa lampe, et se retira dans la chambre qui lui avait été assignée, pour lire et relire le précieux billet, et pour baiser mille fois cette bague non moins précieuse.

Mais une telle exaltation de sentimens ne pouvait enfin que s'affaiblir. Une pensée fâcheuse se présenta à son esprit, quoiqu'il la repoussât comme un acte d'ingratitude, comme un blasphème. Il lui sembla qu'un aveu si franc annonçait moins de délicatesse, de la part de celle qui le faisait, qu'en aurait désiré l'adoration romanesque que la jeune comtesse avait inspirée. Cette idée pénible se développait à peine en lui, qu'il se hâta de l'étouffer, comme si c'eût été une vipère qui se fût introduite dans sa couche.

Etait-ce à lui, à lui ainsi favorisé, à lui pour qui une belle et jeune comtesse daignait descendre de sa sphère élevée; était-ce à lui de la blâmer d'un acte de condescendance sans lequel il n'eût jamais osé peut-être lever les yeux jusqu'à elle ! Sa fortune et sa naissance, dans la situation où elle se trouvait, ne la dispensaient-elles pas d'obéir à cette règle générale qui prescrit à toute femme de se taire jusqu'à ce que son amant ait parlé ? A ces argumens, qu'il s'avouait hardiment à lui-même, et dont il faisait des syllogismes sans réplique, sa vanité en ajoutait peut-être un auquel il ne s'abandonnait pas avec la même franchise : le mérite de l'objet aimé, se disait-il, autorisait peut-être une dame à dévier un peu des règles ordinaires, et après tout, il s'en trouvait des exemples dans les chroniques (tels sont à peu près les argumens sur lesquels Malvolio (1) fondait de semblables espérances). L'écuyer du roman poétique dont Quentin venait de parcourir quelques pages était, comme lui, un gentilhomme sans terres et sans revenus, et cependant la généreuse princesse de Hongrie ne s'était pas fait un scrupule de lui donner des preuves d'affection plus positives que le billet qu'il venait de recevoir.

> Doux écuyer, ami fidèle,
> Je te donnerai, lui dit-elle,
> Cinq cents livres et trois baisers.

Et la même histoire véritable fait dire ensuite au roi de Hongrie :

> J'ai vu moi-même plus d'un page,
> Devenir roi par mariage.

De sorte que, pour conclure, Quentin, avec une générosité magnanime, décida qu'il n'y avait rien à blâmer dans une conduite qui promettait de le rendre heureux.

Mais ce scrupule fut remplacé par un autre qui était plus difficile à étouffer. Le traître Hayraddin avait été

(1) Personnage ridicule de la pièce d'où est tirée l'épigraphe du Chapelain. Une malicieuse soubrette persuade à Malvolio qu'il est aimé de sa maîtresse, ce qui tourne la tête au pauvre intendant. — Éd.

dans l'appartement des deux dames, autant que Durward pouvait en juger, pendant environ quatre heures; et, en réfléchissant sur la manière un peu obscure dont il s'était vanté de pouvoir exercer sur la destinée de Quentin une influence certaine au sujet de ce qui lui tenait le plus au cœur, il en vint à craindre que toute cette aventure ne fût la suite d'un nouveau complot de sa part, dont le but était peut-être de tirer Isabelle de l'asile que lui avait assuré la protection du digne prélat. C'était une affaire qui demandait à être examinée de très-près; car Durward éprouvait pour ce misérable une répugnance proportionnée à l'impudence sans égale avec laquelle il avait avoué sa perfidie, et il ne pouvait se résoudre à croire que rien dont il se mêlait pût avoir une conclusion heureuse et honorable.

Ces diverses pensées étaient pour Quentin comme de sombres vapeurs qui rembrunissaient le beau paysage que son imagination avait d'abord tracé, et le sommeil ne put lui fermer les yeux de toute la nuit. A l'heure de prime, et même une heure auparavant, il était dans le jardin, et personne alors ne s'opposa à ce qu'il y entrât, ni à ce qu'il y restât. Il avait eu soin d'attacher à sa toque un panache blanc et bleu, tel qu'il avait pu se le procurer en aussi peu de temps. Deux heures se passèrent sans qu'on parût faire attention à sa présence. Enfin le son d'un luth se fit entendre; une fenêtre, placée au-dessus de la petite porte par laquelle Marton avait fait entrer Hayraddin, s'ouvrit quelques instans après; Isabelle y parut brillante de beauté, le salua d'un air de bonté mêlé de réserve, rougit en voyant la manière vive et expressive dont il lui rendit son salut, ferma la croisée, et disparut.

Ni le jour ni le lieu où se trouvait Quentin ne pouvaient lui en apprendre davantage. L'authenticité du billet lui paraissait bien prouvée. Il ne restait qu'à savoir ce qui devait s'ensuivre ; et c'était là ce dont sa belle correspondante ne lui avait pas dit un mot. Au surplus nul danger immédiat ne menaçait. La comtesse était dans un château fort, sous la protection d'un prince respecté par son pouvoir séculier, comme il était vénérable par sa dignité ecclésiastique. Rien ne paraissait exiger du jeune et vaillant écuyer quelque prouesse chevaleresque ; et il suffisait qu'il se tînt prêt à exécuter les ordres de la comtesse Isabelle à l'instant même où il les recevrait. Mais le destin avait résolu de lui donner de l'occupation plus tôt qu'il ne se l'imaginait ; et ce fut ce qui arriva la quatrième nuit après son entrée à Schonwaldt.

Quentin s'était décidé à renvoyer le lendemain, à la cour de Louis XI, le second des deux hommes qui composaient son escorte, en lui donnant des lettres pour lord Crawford et pour son oncle, afin de leur annoncer qu'il renonçait au service de la France, ce dont la trahison à laquelle les instructions secrètes d'Hayraddin l'avaient exposé, lui donnait un motif que l'honneur et la prudence ne pouvaient qu'approuver. Il s'était couché, l'imagination remplie de toutes ces idées couleur de rose qui entourent le lit d'un jeune homme quand il aime sincèrement et croit son amour payé d'un retour non moins sincère. Ses rêves se ressentirent d'abord de l'influence des pensées agréables qui l'avaient occupé avant qu'il eût cédé au sommeil ; mais ils prirent peu à peu un caractère plus effrayant.

Il lui sembla qu'il se promenait avec la comtesse Isabelle au bord des eaux paisibles d'un beau lac, tel que celui qui faisait le principal ornement du paysage de Glen-Houlakin. Il lui sembla qu'il osait parler de son amour, sans plus songer à aucun obstacle. Isabelle rougissait et souriait en l'écoutant, précisément comme il aurait pu l'espérer d'après le contenu du billet, qu'il portait toujours sur son cœur, qu'il fût éveillé ou endormi. Mais la scène changea brusquement, de l'été à l'hiver, du calme à la tempête. Les vents mugirent et les vagues s'enflèrent comme si tous les démons de l'air et des eaux se fussent disputé l'empire de leurs domaines respectifs. Des montagnes liquides opposaient de toutes parts une barrière qui ne permettait aux deux amans ni d'avancer, ni de reculer; et la fureur de la tempête, qui croissait à chaque instant, et qui poussait les vagues avec violence l'une contre l'autre, ne permettait pas de supposer qu'ils pussent rester en sûreté dans cet endroit un instant de plus. La vive émotion produite par la sensation d'un danger si imminent éveilla le dormeur.

Dès qu'il fut éveillé, les circonstances imaginaires de son rêve s'évanouirent, pour le rappeler à la réalité de sa situation; mais un tumulte semblable à celui d'une tempête, et qui avait probablement occasioné ce songe effrayant, résonnait encore à ses oreilles.

Son premier mouvement fut de se mettre sur son séant, et d'écouter avec surprise un bruit qui, s'il était produit par un orage, l'emportait sur le plus terrible des ouragans qui fût jamais descendu des monts Grampiens. Cependant, en moins d'une minute, il ne put douter que ce bruit n'eût pour cause, non la fureur des élémens, mais celle des hommes.

Il sauta à bas de son lit, et se mit à la fenêtre de sa chambre. Elle donnait sur le jardin; tout était tranquille de ce côté; mais l'ouverture de la croisée l'assura encore mieux que le château était attaqué par des ennemis nombreux et déterminés, ce dont les clameurs qu'il entendait n'étaient une preuve que trop convaincante. Il chercha à tâtons ses habits et ses armes, et tandis qu'il s'en revêtait avec autant de hâte que le lui permettaient la surprise et l'obscurité, il entendit frapper à sa porte. Quentin n'ayant pas répondu aussi promptement que le désirait celui qui voulait entrer, la porte, qui n'était pas très-solide, fut enfoncée en un instant, et le Bohémien Hayraddin, facile à reconnaître à son dialecte, entra dans sa chambre. Il tenait à la main une petite fiole dans laquelle il trempa une allumette. Une vive flamme qui ne dura qu'un instant éclaira tout l'appartement, et il alluma une petite lampe qu'il tira de son sein.

— L'horoscope de votre destinée, dit-il à Durward d'un ton énergique, sans le saluer autrement, dépend de la détermination que vous allez prendre en une minute.

— Misérable! s'écria Quentin, nous sommes environnés de trahison; et, partout où il s'en trouve, tu dois y avoir part.

— Vous êtes fou, répondit le Maugrabin, je n'ai jamais trahi personne que pour en tirer profit. Pourquoi donc vous trahirais-je, puisque je dois gagner davantage à vous servir qu'à vous trahir? Écoutez un moment, si cela vous est possible, la voix de la raison, sans quoi ce seront la mort et les ruines qui vous la feront entendre. Les Liégeois se sont soulevés; Guillaume de la

Marck est à leur tête avec sa bande. S'il y avait des moyens de résistance, leur fureur les surmonterait; mais il n'en existe presque aucun. Si vous voulez sauver la comtesse et conserver vos espérances, suivez-moi, au nom de celle qui a vous envoyé un brillant sur lequel sont gravés trois léopards.

— Montre-moi le chemin ! s'écria Quentin avec vivacité : à ce nom, je suis prêt à braver tous les dangers.

— De la manière dont je m'y prendrai, dit le Bohémien, nous n'en courrons aucun, s'il vous est possible de ne pas vous mêler de ce qui ne vous regarde pas. Que vous importe, après tout, que l'évêque, comme on l'appelle, égorge son troupeau, ou que ce soit le troupeau qui égorge son pasteur ? Ha ! ha ! ha ! Suivez-moi, mais avec patience et précaution. Ne songez pas à votre courage, et rapportez-vous-en à ma prudence. La dette de ma reconnaissance est payée, et vous avez une comtesse pour épouse. Suivez-moi.

— Je te suis, répondit Quentin en tirant son épée; mais si j'aperçois en toi le moindre signe de trahison, ta tête et ton corps seront bientôt à trois pas l'un de l'autre.

Sans rien répliquer, le Bohémien, voyant que Durward était armé et équipé, descendit précipitamment l'escalier, et traversa divers passages détournés qui conduisaient dans le jardin. A peine voyait-on une lumière dans cette partie du bâtiment, à peine y entendait-on quelque bruit ; mais, dès qu'ils furent dans le jardin, le tumulte se fit entendre dix fois plus violent; et Quentin distingua même les divers cris de guerre : Liège ! Liège ! Sanglier ! Sanglier ! poussés à haute voix par les assaillans, tandis que les défenseurs du château, attaqués à l'improviste, y répondaient par des cris plus faibles : Notre-Dame pour le prince-évêque !

Mais, malgré le caractère martial de Durward, le combat qui se livrait n'était rien pour lui en comparaison du destin d'Isabelle de Croye, qu'il tremblait de voir tomber entre les mains de ce cruel et dissolu partisan qui travaillait en ce moment à forcer les portes du château. Il accepta même l'aide du Bohémien avec moins de répugnance, de même qu'un malade, dans une crise désespérée, se résout à prendre la potion que lui présente un empirique ou un charlatan. Il résolut de se laisser guider entièrement par ses conseils, mais de lui percer le cœur ou de lui abattre la tête au premier soupçon de perfidie. Hayraddin lui-même semblait sentir qu'il courait de grands risques pour sa sûreté; car, dès qu'il fut entré dans le jardin, il perdit son ton de jactance et de sarcasme, et parut avoir fait vœu de se conduire avec modestie, courage et activité.

En arrivant à la porte qui conduisait à l'appartement des deux dames, Hayraddin donna un signal à voix basse, et deux femmes, enveloppées de la tête aux pieds d'une de ces grandes capes de soie noire portées alors par les Flamandes, comme elles le sont encore aujourd'hui, se présentèrent à l'instant même. Quentin offrit son bras à l'une d'elles, qui le saisit en tremblant et avec empressement, et qui s'y appuya tellement que, si elle avait été plus lourde, elle aurait considérablement retardé leur retraite. Le Bohémien, qui conduisait l'autre dame, marcha droit à la poterne qui donnait sur le fossé : près de là était le petit esquif sur lequel Durward, quelques jours auparavant, avait vu Hayraddin lui-même faire sa retraite du château.

Tandis qu'il faisait cette courte traversée, des cris de triomphe semblèrent annoncer que la violence l'emportait, et que le château était pris. Les oreilles de Quentin en furent si désagréablement affectées, qu'il ne put s'empêcher de s'écrier à haute voix : — Sur mon ame! si tout mon sang n'était pas irrévocablement dévoué à la cause que je sers en ce moment, je volerais sur ces murailles; je combattrais fidèlement pour ce bon évêque, et je réduirais au silence quelques-uns de ces coquins dont les cris appellent le meurtre et le pillage.

La dame qui s'appuyait sur son bras le pressa légèrement pendant qu'il parlait ainsi, comme pour lui faire entendre qu'elle avait plus de droit que le château de Schonwaldt à compter sur son secours; tandis que le Bohémien s'écria assez haut pour être entendu : — Voilà ce que j'appelle une vraie frénésie chrétienne, vouloir retourner pour se battre, quand l'amour et la fortune ordonnent de fuir le plus vite possible! En avant! en avant! ne perdez pas un instant! nous avons des chevaux qui nous attendent près de ce bouquet de saules.

— Je n'en vois que deux, dit Quentin qui les aperçut au clair de lune.

— Je n'aurais pu m'en procurer davantage sans donner des soupçons, répondit le Bohémien. D'ailleurs, c'est autant qu'il nous en faut. Vous vous en servirez, vous deux, pour vous rendre à Tongres, pendant que les routes sont encore sûres. Quant à Marton, elle restera avec les femmes de notre horde, dont elle est une ancienne connaissance. Marton est une fille de notre tribu; elle n'est restée avec vous que pour nous servir au besoin.

— Marton ! s'écria la dame voilée, appuyée sur le bras de Durward ; ce n'est donc pas ma parente ?

— Ce n'est que Marton, répondit Hayraddin. Pardonnez-moi cette petite ruse ; je n'ai pas osé enlever deux comtesses à la fois au Sanglier des Ardennes.

— Scélérat ! s'écria Quentin. Mais il n'est pas..... il ne sera pas trop tard. Je retourne au château, et je sauverai la comtesse Hameline.

— Hameline, lui dit sa compagne d'une voix troublée, est appuyée sur votre bras, et vous remercie de votre secours.

— Ciel ! comment ? que veut dire ceci ? s'écria Quentin en dégageant son bras avec moins de courtoisie qu'il n'en aurait montré, en toute autre occasion, à une femme de la plus basse condition. C'est donc la comtesse Isabelle qui est restée au château ? Adieu ! adieu !

Comme il se retournait pour partir, Hayraddin lui saisit le bras. — Écoutez-moi, lui dit-il, écoutez-moi ! c'est courir à la mort ! Pourquoi diable portiez-vous donc les couleurs de la tante ? De ma vie je ne me fierai plus ni au bleu ni au blanc. Mais songez donc qu'elle est presque aussi riche. Elle a des joyaux, de l'or, même des espérances sur le comté.

Tandis que le Bohémien parlait ainsi en phrases entre-coupées, et qu'il cherchait à retenir Durward, celui-ci mit la main sur son poignard afin de se débarrasser.

— Ah ! puisqu'il en est ainsi, dit Hayraddin, cessant de le retenir, partez, et que le diable, s'il y en a un, vous accompagne.

Dès que le jeune Écossais se vit en liberté, il courut vers le château avec la légèreté d'un cerf. Le Bohémien se tourna alors vers la comtesse, qui s'était laissée tomber de crainte, de honte et de désappointement.

— C'est une méprise, lui dit-il; allons, relevez-vous, et venez avec moi. Avant que le jour vienne, je vous trouverai un meilleur mari que cet enfant à visage efféminé; et, si un ne vous suffit pas, vous en aurez vingt.

La comtesse Hameline avait les passions aussi violentes que son caractère était vain et faible. Comme tant d'autres femmes, elle remplissait passablement les devoirs ordinaires de la vie; mais, dans une crise telle que celle où elle se trouvait, elle était incapable de toute autre chose que de se livrer à d'inutiles lamentations, et d'accuser Hayraddin d'être un imposteur, un vagabond, un brigand, un assassin.

— Dites un Zingaro, dit le Maugrabin, et vous aurez tout dit en un seul mot.

— Monstre ! s'écria la dame courroucée, vous m'aviez dit que les astres avaient décrété notre union, et vous avez si bien fait que je lui ai écrit..... malheureuse que je suis !

— Et il est très-vrai que les astres l'avaient décrétée, répondit le Bohémien, pourvu que les deux parties y eussent consenti. Croyez-vous que les célestes constellations marient les gens contre leur gré? J'ai été induit en erreur par vos maudites galanteries chrétiennes, vos chiens de rubans, vos sottes couleurs : et le jeune homme, à ce qu'il paraît, préfère l'agneau à la brebis. Voilà tout. Allons, debout, et suivez-moi. Faites attention que les larmes et les évanouissemens n'ont rien qui me plaise.

— Je n'avancerai pas d'un pas, dit la comtesse d'un ton décidé.

— Et moi, je vous dis que vous avancerez ! s'écria Hayraddin. Je vous jure par tout ce que tous les sots de la terre ont cru, que vous avez affaire à un homme qui s'inquièterait fort peu de vous mettre nue comme la main, de vous lier à un arbre, et de vous y laisser attendre votre bonne aventure.

— Allons, dit Marton, avec votre permission, elle ne sera pas maltraitée. J'ai un couteau aussi-bien que vous; et je sais m'en servir. C'est une bonne femme, quoique un peu folle. Et vous, madame, levez-vous, et suivez-nous. Il y a eu une méprise; mais c'est quelque chose que d'avoir sauvé votre vie et vos membres. Il y a bien des gens là-bas, dans ce château, qui donneraient tout ce qu'ils possèdent au monde pour se trouver où nous sommes.

Comme elle finissait de parler, on entendit partir du château de Schonwaldt de nouvelles clameurs parmi lesquelles on pouvait distinguer des acclamations de joie et de victoire, et des cris de désespoir et de terreur.

— Écoutez, dit Hayraddin, et félicitez-vous de ne pas chanter dans ce concert. Fiez-vous à moi ; je vous traiterai honorablement ; les astres ne vous manqueront pas de parole, et vous procureront un bon mari.

Épuisée de fatigue et subjuguée par la terreur, la comtesse Hameline s'abandonna enfin à la conduite de ses deux guides, et se laissa passivement mener où bon leur sembla. Tels étaient même le trouble de son esprit et l'épuisement de ses forces, que le digne couple qui la traînait plutôt qu'il ne la conduisait, put s'entretenir en toute liberté devant elle, sans qu'elle eût l'air de comprendre ce qu'elle entendait.

— J'ai toujours regardé votre projet comme une folie,

disait Marton. Si vous aviez pu assurer l'union des jeunes gens, à la bonne heure, nous aurions pu compter sur leur reconnaissance, et avoir un pied dans leur château. Mais comment pouviez-vous croire qu'un si beau jeune homme voulût épouser cette vieille folle?

—Rizpah, répondit Hayraddin, vous avez porté un nom chrétien, et vous êtes restée si long-temps sous les tentes de ce peuple insensé, que vous avez fini par partager ses folies. Comment pouvais-je m'imaginer qu'il se serait mis en peine de quelques années de plus ou de moins, quand il trouvait dans ce mariage des avantages si évidens? Et vous savez qu'il aurait été bien plus difficile de décider à une démarche hasardée cette jeune fille si timide, que cette comtesse que nous portons sur les bras comme un sac de laine. D'ailleurs j'aimais ce jeune homme, et je voulais lui faire du bien. Le marier à la vieille, c'était faire sa fortune; lui donner la jeune, c'était lui faire tomber sur le corps Guillaume de la Marck, la Bourgogne, la France, tous ceux qui ont intérêt à disposer de sa main. Ensuite la fortune de celle-ci consistant principalement en or et en bijoux, nous en aurions eu notre part; mais la corde de l'arc s'est rompue, et la flèche n'a pu partir. N'en parlons plus! Nous la conduirons à Guillaume à la longue barbe. Quand il se sera bien gorgé de vin, suivant sa coutume, il ne distinguera pas une vieille comtesse d'une jeune. Allons, Rizpah, du courage! L'astre Aldébaran répand encore sa brillante influence sur la destinée des enfans du désert.

CHAPITRE XXI.

LE SAC DU CHATEAU.

> « Plus de pitié! fermez la porte à la merci!
> » Que le bras tout sanglant du soldat endurci
> » Se plonge sans remords au sein de l'innocence!
> « Qu'il se permette tout! qu'il ait la conscience
> » Large comme l'Enfer. »
>
> SHAKSPEARE. *Henry V.*

La garnison de Schonwaldt, bien que surprise et d'abord frappée de terreur, avait pourtant défendu quelque temps le château contre les assaillans; mais la ville de Liège vomissait sans cesse de nouveaux essaims d'ennemis qui, montant de toutes parts à l'assaut avec fureur, divisaient l'attention des assiégés et leur faisaient perdre courage.

On pouvait remarquer aussi de l'indifférence, sinon de la trahison, parmi les soldats de l'évêque; car quelques-uns criaient qu'il fallait se rendre, tandis que d'autres, désertant leur poste, cherchaient à s'échapper du château. Plusieurs se jetèrent du haut des murs dans le fossé, et ceux qui parvenaient à se sauver à la nage pourvoyaient à leur sûreté en se dépouillant de tout ce qui pouvait indiquer qu'ils étaient au service du prélat, et en se mêlant ensuite à la foule des assaillans. Quelques-uns, par attachement à la personne de l'évêque, se réunirent autour de lui dans la grande tour où il s'était réfugié; et d'autres, craignant qu'on ne leur fît aucun quartier, se défendaient, avec le courage du désespoir, dans quelques autres tours et sur les boulevards les plus éloignés.

Enfin les assaillans, maîtres des cours et de tout le rez-de-chaussée du vaste édifice, s'occupaient à poursuivre les vaincus et à satisfaire leur soif de pillage. Tout à coup un seul homme, comme s'il avait cherché la mort quand tous les autres ne songeaient qu'à trouver quelque moyen de l'éviter, s'efforça de se frayer un chemin au milieu de cette scène de tumulte et d'horreur, l'imagination tourmentée de craintes encore plus affreuses que l'épouvantable réalité qu'il avait sous les yeux. Quiconque eût vu Quentin Durward en ce fatal moment, l'eût pris pour un frénétique dans les accès de son délire; quiconque eût apprécié les motifs de sa conduite, l'aurait placé au niveau des plus célèbres héros de roman.

En s'approchant de Schonwaldt du même côté par où il en était parti, il rencontra plusieurs fuyards qui couraient vers le bois, et qui naturellement cherchèrent à l'éviter, le prenant pour un ennemi, parce qu'il venait dans une direction opposée à celle qu'ils suivaient. Arrivé plus près du château, il vit des hommes qui se jetaient du haut des murailles dans les fossés, ou qui en étaient précipités par les ennemis, et il entendait le bruit de la chute de ceux qu'il ne pouvait voir. Son courage n'en fut pas ébranlé un instant. Il n'avait pas le temps de chercher la barque, quand même il eût été possible de s'en servir, et il était inutile de tenter d'approcher de la petite poterne du jardin, encombrée d'une foule de fuyards, pressés par ceux qui les suivaient, et tombant les uns après les autres dans le fossé qu'ils n'avaient pas le moyen de traverser.

Évitant donc ce point, Quentin se jeta à la nage près de ce qu'on appelait la petite porte du château, où un pont-levis était encore levé. Ce ne fut pas sans difficulté qu'il échappa aux efforts que firent pour s'accrocher à lui quelques malheureux qui se noyaient, et qui auraient pu causer sa perte pour se sauver eux-mêmes.

Arrivé à l'autre bord, près du pont-levis, il en saisit la chaîne; déployant toutes ses forces, s'aidant des mains et des genoux, il parvint à se tirer de l'eau, et il était sur le point d'atteindre la plate-forme du pont quand un lansquenet accourut à lui, et levant son sabre ensanglanté, s'apprêta à lui en porter un coup qui aurait été probablement celui de la mort.

— Comment! s'écria Quentin, d'un ton d'autorité; est-ce ainsi que vous assistez un camarade? Donnez-moi la main.

Le soldat, en silence et non sans hésiter, lui tendit le bras, et l'aida à monter sur la plate-forme. Aussitôt Quentin, sans laisser aux soldats le temps de réfléchir, cria sur le même ton : — A la tour de l'Ouest, si vous voulez vous enrichir! Le trésor de l'évêque est dans la tour de l'Ouest.

Cent voix répétèrent ces paroles : — A la tour de l'Ouest! le trésor est dans la tour de l'Ouest! Et tous les maraudeurs qui étaient à portée de les entendre, semblables à une troupe de loups affamés, coururent dans la direction opposée à l'endroit où Quentin était résolu d'arriver mort ou vif.

Prenant un air d'assurance, comme s'il eût été du nombre des vainqueurs, et non des vaincus, il marcha droit vers le jardin, et trouva moins d'interruption qu'il ne s'y attendait. Le cri à la tour de l'Ouest! avait emmené de ce côté une partie des assaillans, et le son des trompettes appelait les autres pour repousser une sortie tentée en ce moment par les défenseurs de la grande tour, qui, réduits au désespoir, avaient mis le prélat au milieu d'eux, et cherchaient à s'ouvrir un chemin pour sortir du château. Quentin courut donc au jardin d'un pas précipité et le cœur palpitant, se recommandant à ce pouvoir suprême qui l'avait protégé au milieu des périls sans nombre auxquels il avait déjà été exposé, et déterminé à réussir ou à perdre la vie dans son entreprise.

Comme il allait entrer dans le jardin, trois hommes coururent à lui la lance levée en criant : —Liège! Liège!

Se mettant en défense, mais sans porter aucun coup: —France! France! s'écria Quentin; ami de Liège!

—Vive la France! s'écrièrent les trois Liégeois; et ils continuèrent leur chemin.

Les mêmes mots lui servirent de sauvegarde contre quatre ou cinq soldats de Guillaume de la Marck qu'il trouva rôdant dans le jardin, et qui tombèrent d'abord sur lui en criant : — Sanglier! Sanglier!

En un mot, Quentin commença à espérer que la ré-

putation qu'il avait acquise d'être un émissaire du roi
Louis, instigateur secret des Liégeois insurgés, et protecteur caché de Guillaume de la Marck, pourrait lui servir de sauvegarde au milieu des horreurs de cette nuit.

En arrivant à la tourelle, but de son expédition, il frémit en trouvant la porte par laquelle la comtesse Hameline et Marton en étaient sorties, bloquée par plusieurs corps morts.

Il en repoussa deux précipitamment, et il allait en faire autant à l'égard d'un troisième, quand le mort supposé le tira par son habit, le priant de l'aider à se relever. Quentin, arrêté si mal à propos, avait grande envie, au lieu de perdre du temps à lutter contre cet antagoniste, de recourir à des moyens moins doux pour s'en débarrasser, quand il l'entendit s'écrier : —J'étouffe sous le poids de mon armure, je suis Pavillon, le syndic de Liège : si vous êtes pour nous, je vous enrichirai ; si vous êtes contre nous, je vous protégerai ; mais ne me laissez pas mourir comme un pourceau étouffé dans son auge.

Au milieu de cette scène de carnage et de confusion, Durward eut assez de présence d'esprit pour réfléchir que ce dignitaire pouvait avoir les moyens de faciliter sa retraite. Il le releva donc, et lui demanda s'il était blessé.

—Non, pas blessé, répondit le syndic ; je ne le crois pas, du moins ; mais je suis essoufflé.

—Asseyez-vous sur cette pierre, et reprenez haleine, lui dit Quentin ; je viendrai vous rejoindre dans un instant.

—Pour qui êtes-vous ? lui demanda le bourgeois, le retenant encore.

— Pour la France, répondit Quentin, en cherchant à le quitter.

— Eh! c'est mon jeune archer! s'écria le digne syndic. Puisque j'ai eu le bonheur de trouver mon ami dans cette nuit terrible, je ne le quitterai pas, je vous le promets. Allez où il vous plaira, je vous suis; et, si je trouve quelques braves garçons de ma corporation, je pourrai peut-être vous aider à mon tour. Mais ils roulent tous de côtés et d'autres comme les pois d'un sac percé. Oh! quelle terrible nuit!

En parlant ainsi, il se traînait, appuyé sur le bras de Quentin, qui, sentant combien il lui était important de s'assurer la protection d'un homme d'une telle influence, ralentit le pas, tout en maudissant, au fond du cœur, le retard que lui occasionait son compagnon.

Au haut de l'escalier était une antichambre dans laquelle on voyait des caisses et des malles ouvertes, qui avaient l'air d'avoir été pillées, une partie de ce qu'elles avaient contenu étant dispersée sur le plancher. Une lampe, placée sur la cheminée, laissait apercevoir, à la clarté de sa lueur mourante, le corps d'un homme mort, ou privé de sentiment, étendu près du foyer.

S'arrachant aux bras de Pavillon, comme un lévrier qui entraîne après lui la lesse par laquelle le retenait un piqueur, Durward s'élança rapidement dans une seconde chambre, puis dans une troisième, qui paraissait être la chambre à coucher des dames de Croye. Il ne s'y trouvait personne. Il appela Isabelle, d'abord à voix basse, ensuite plus haut, enfin avec le cri du désespoir : point de réponse.

Tandis qu'il se tordait les mains, qu'il s'arrachait les cheveux, et qu'il frappait la terre du pied avec violence, une faible clarté qu'il vit briller à travers une fente de la boiserie, dans un coin obscur de la chambre, lui fit soupçonner une porte secrète communiquant à quelque cabinet. Il l'examina de plus près, et reconnut qu'il ne s'était pas trompé. Il essaya de l'ouvrir, mais ne put y réussir. Enfin, méprisant le danger auquel l'exposait une telle tentative, il s'élança de toute sa force contre la porte, et telle fut l'impétuosité d'un effort inspiré autant par l'espérance que par le désespoir, qu'une serrure et des gonds plus solides n'y auraient pas résisté.

Ce fut ainsi qu'il força l'entrée d'un petit oratoire, où une femme, livrée à toutes les angoisses de l'effroi, offrait ses prières au ciel devant l'image du Créateur. Une nouvelle terreur s'empara d'elle, quand elle entendit briser ainsi la porte de cet appartement, et elle tomba sans mouvement sur le plancher. Quentin courut à elle, la releva à la hâte. Félicité des félicités! c'était celle qu'il cherchait à sauver; c'était la comtesse Isabelle. Il la pressa contre son cœur, la conjura de reprendre ses sens, de se livrer à l'espérance; elle avait près d'elle maintenant un homme dont le courage la défendrait contre une armée entière.

— Est-ce bien vous, Durward? s'écria-t-elle enfin en revenant à elle; j'ai donc encore quelque espoir. Je croyais que tous les amis que j'avais au monde m'avaient abandonnée à mon malheureux destin. Vous ne me quitterez plus?

— Jamais! jamais! s'écria Durward; quoi qu'il puisse arriver, quelques dangers qui puissent approcher : puissé-je perdre le bonheur que nous promet cette sainte image, si je ne partage pas votre destinée jusqu'à ce qu'elle devienne plus heureuse!

— Fort pathétique, fort touchant, en vérité, dit une voix essoufflée et asthmatique derrière eux; une affaire d'amour, à ce que je vois. Sur mon ame, la pauvre jeune fille m'inspire autant de compassion que si c'était la mienne, ma Trudchen elle-même.

— Vous ne devez pas vous borner à la compassion, mein herr Pavillon, dit Quentin en se tournant vers lui: il faut que vous m'aidiez à protéger cette dame. Je vous déclare qu'elle a été mise sous ma garde spéciale par votre allié, le roi de France; et, si vous ne la garantissez pas de toute espèce d'insulte et de violence, votre ville perdra la protection de Louis de Valois. Il faut surtout empêcher qu'elle ne tombe entre les mains de Guillaume de la Marck.

— Cela sera difficile, répondit Pavillon, car ces pendards de lansquenets sont de vrais diables pour déterrer les jolies filles; mais je ferai de mon mieux. Passons dans l'autre appartement, et là je réfléchirai. L'escalier est étroit, et vous pourrez garder la porte avec une pique, pendant que je me mettrai à la fenêtre pour appeler quelques-uns des braves garçons de la corporation des tanneurs de Liège, aussi fidèles que le couteau qu'ils portent à leur ceinture. Mais avant tout, détachez-moi ces agrafes. Je n'ai pas porté ce corselet depuis la bataille de Saint-Tron, et je pèse aujourd'hui quarante bonnes livres de plus que je ne pesais alors, si les balances de Flandre ne sont pas fausses.

Le brave homme se trouva fort soulagé quand il fut déchargé du poids de son armure de fer; car, en la mettant, il avait moins consulté ses forces que son zèle pour la cause de Liège. On apprit ensuite que le magistrat, se trouvant en quelque sorte poussé en avant par sa corporation, à la tête de laquelle il marchait, avait été hissé sur les murailles par quelques-uns de ses soldats qui montaient à l'assaut; là il avait suivi involontairement le flux et le reflux des combattans des deux partis, sans avoir même la force de prononcer une parole; et enfin, semblable à une pièce de bois que la mer jette sur le rivage de quelque baie, il avait été définitivement renversé à l'entrée de l'appartement des dames Croye, où le poids de son armure et celui des corps morts de deux homme tombés sur lui, l'auraient probablement retenu long-temps, si Durward ne fût arrivé pour le tirer de là.

La même chaleur qui, en politique, faisait d'Hermann Pavillon un brouillon, un écervelé, un patriote exagéré et turbulent, produisait des résultats plus heureux en le rendant, dans sa vie privée, un homme doux et humain, quelquefois un peu égaré par la vanité, mais toujours plein de bienveillance et de bonnes intentions. Il recommanda à Quentin d'avoir un soin tout particulier de la pauvre jolie *yung frau* (1); et après cette exhortation peu nécessaire, il se mit à la fenêtre, et commença à crier de toute ses forces; — Liège! Liège! et la brave corporation des tanneurs et corroyeurs!

Deux membres de cette honorable compagnie accoururent à ses cris et au coup de sifflet particulier dont ils furent accompagnés, chaque corporation de la ville ayant adopté un signal de ce genre. Plusieurs autres vinrent les joindre, et formèrent une garde qui se plaça devant la porte, sous la fenêtre à laquelle le chef bourgeois se montrait.

Une sorte de tranquillité commençait à s'établir au

---

(1) Jeune fille. — Tr.

château. Toute résistance avait cessé, et les chefs prenaient des mesures pour empêcher un pillage général. On entendait sonner la grosse cloche pour assembler un conseil militaire, et le retentissement de l'airain annonçant à Liège que les insurgés triomphaient et étaient en possession du château, toutes les cloches de la ville y répondirent, et elles semblaient dire en leur langage : — Gloire aux vainqueurs ! Il aurait été naturel que mein herr Pavillon sortît alors de sa forteresse ; mais, soit qu'il eût quelque crainte pour ceux qu'il avait pris sous sa protection, soit peut-être par précaution pour sa propre sûreté, il se contenta de dépêcher messager sur messager, pour donner ordre à son lieutenant, Peterkin Geislaer, de venir le joindre sur-le-champ.

A sa grande satisfaction, Peterkin arriva enfin ; car, dans toutes les circonstances pressantes, qu'il s'agit de guerre, de politique ou de commerce, c'était en lui que Pavillon avait coutume de mettre toute sa confiance. Peterkin était un homme vigoureux, à visage large, et à gros sourcils noirs qui ne promettaient pas facile composition à un ennemi. Il portait une casaque de buffle ; une large ceinture soutenait son coutelas, et il avait une hallebarde à la main.

— Peterkin, mon cher lieutenant ! lui dit son chef, voici une glorieuse journée, une glorieuse nuit, je devrais dire : j'espère que, pour cette fois, vous êtes content ?

— Je suis content que vous le soyez vous-même, répondit le belliqueux lieutenant ; mais si vous appelez cela une victoire, je ne m'attendais pas à vous la voir célébrer enfermé dans un grenier, tandis qu'on a besoin de vous au conseil.

— Êtes-vous bien sûr qu'on y ait besoin de moi, Peterkin ?

— Oui, morbleu, on y a besoin de vous, pour soutenir les droits de la ville de Liége, qui sont en plus grand danger que jamais.

— Allons, allons, Peterkin, tu es toujours un fâcheux, un grondeur.

— Moi, un grondeur ! non, sur ma foi : ce qui plaît aux autres me plaît toujours. Seulement, je ne me soucie pas d'avoir pour roi une cigogne au lieu d'un soliveau, comme il est dit dans un fabliau que le clerc de Saint-Lambert nous a lu plusieurs fois dans le livre de mein herr Ésope.

— Je ne comprends pas ce que vous voulez dire, Peterkin.

— Eh bien, je vous dirai donc que ce Sanglier paraît vouloir faire sa bauge dans Schonwaldt ; et il est probable que nous trouverons en lui un aussi mauvais voisin que l'était le vieil évêque, et peut-être pire. Il semble penser que nous n'avons pris le château que pour lui, et son seul embarras est de savoir s'il se fera appeler prince ou évêque. C'est une honte de voir comment ils ont traité ce pauvre vieux prêtre.

— Je ne le souffrirai pas, Peterkin ! s'écria Pavillon en prenant un air d'importance ; je n'aimais pas la mitre, mais je ne veux pas de mal à la tête qui la porte. Nous sommes dix contre un, Peterkin, et nous ne devons pas souffrir de tels abus.

— Oui, nous sommes dix contre un en rase campagne ; mais dans ce château, nous sommes homme à homme. D'ailleurs Nikkel Block le boucher et toute la canaille des faubourgs, se déclarent pour Guillaume de la Marck, tant parce qu'il a fait défoncer tous les tonneaux de bière et toutes les pièces de vin, qu'à cause de leur ancienne jalousie contre nous, qui formons les corps et métiers et qui avons des privilèges.

— Peterkin, dit Pavillon en se levant, nous allons retourner à Liège à l'instant même. Je ne resterai pas un moment de plus à Schonwaldt.

— Mais les ponts sont levés; les portes sont fermées, et bien gardées par les lansquenets. Si nous essayons de forcer le passage, nous courons le risque d'être bien frottés, car le métier de ces coquins est de se battre tous les jours, et nous autres, nous ne nous battons que les jours de grande fête.

— Mais pourquoi a-t-il fermé les portes? demanda le syndic alarmé; pourquoi retient-il prisonniers d'honnêtes gens?

— Je n'en sais rien, non, sur ma foi, je n'en sais rien. On parle des dames de Croye, qui se sont échappées pendant l'assaut. Cette nouvelle avait mis d'abord l'homme à la longue barbe dans une fureur à lui faire perdre le bon sens; et maintenant il l'a perdu à force de boire.

Le bourguemestre jeta un regard de désolation sur Quentin, et il ne savait à quoi se résoudre. Durward n'avait pas perdu un mot de cette conversation, qui l'avait extrêmement alarmé; il sentait qu'il ne lui restait d'espoir qu'autant qu'il conserverait sa présence d'esprit, et qu'il parviendrait à soutenir le courage de Pavillon. Il prit donc part à l'entretien en ce moment, comme s'il avait eu voix délibérative.

— Je suis surpris, monsieur Pavillon, dit-il, de vous voir hésiter sur ce que vous avez à faire en cette occasion. Allez trouver hardiment Guillaume de la Marck, et demandez-lui à sortir du château, vous, votre lieutenant, votre écuyer et votre fille. Il ne peut avoir aucun prétexte pour vous retenir prisonnier.

— Moi et mon lieutenant, c'est-à-dire moi et Peterkin, fort bien ; mais qui est mon écuyer ?

— Moi, quant à présent, répondit l'intrépide Écossais.

— Vous ! dit le bourgeois embarrassé ; mais n'êtes-vous pas l'envoyé de Louis, du roi de France ?

— Sans doute, mais mon message est pour les magistrats de la ville de Liège, et ce n'est qu'à Liège que je le délivrerai. Si j'avouais ma qualité devant Guillaume de la Marck, ne faudrait-il pas que j'entrasse en négociation avec lui ? N'est-il pas même vraisemblable qu'il me retiendrait ici ? Non, il faut que vous me fassiez sortir secrètement du château en qualité de votre écuyer.

— A la bonne heure, mon écuyer ; mais vous avez parlé de ma fille. Trudchen, j'espère, est bien tranquille à Liège, dans ma maison ; et je voudrais de tout mon cœur et de toute mon ame, que son père y fût aussi.

— Cette dame vous appellera son père, tant qu'elle sera dans ce château.

— Et tout le reste de ma vie, s'écria la comtesse en se jetant aux pieds du syndic, et embrassant ses genoux ? Il ne se passera pas un seul jour sans que je vous aime et vous honore comme tel, sans que je prie pour vous comme une fille pour son père, si vous me secourez dans cet extrême péril ! Oh ! laissez-vous attendrir ! Représentez-vous votre fille aux genoux d'un étranger, lui demandant la vie et l'honneur. Pensez à cela, et accordez-moi la protection que vous voudriez qu'elle obtînt.

— Sur mon honneur, Peterkin, dit le brave syndic ému par cette prière pathétique, je crois que cette jolie fille a quelque chose du doux regard de notre Trudchen, je l'ai pensé dès le premier moment que je l'ai vue ; et ce jeune homme si vif, et si prompt à donner son avis, a je ne sais quoi qui me rappelle l'amoureux de Trudchen. Je gagerais un groat, Peterkin, qu'il y a de l'amour dans cette affaire, et ce serait un péché de ne pas le favoriser.

— Un péché et une honte, dit Peterkin en s'essuyant les yeux avec une manche de sa casaque ; car, malgré sa suffisance, ce n'en était pas moins un bon et honnête Flamand.

— Eh bien ! elle sera donc ma fille, dit Pavillon, bien enveloppée dans sa grande cape de soie noire, et, s'il ne se trouvait pas assez de braves tanneurs pour protéger la fille de leur syndic, ils ne mériteraient plus d'avoir de cuir à tanner. Mais un instant, il faut pouvoir répondre aux questions. Comment se fait-il que ma fille se trouve dans une pareille bagarre ?

— Et comment se fait-il que la moitié des femmes de Liège nous aient suivis jusqu'au château, demanda Peterkin, si ce n'est parce qu'elles se trouvent toujours où elles ne devraient pas être ? Votre *jung frau* Trudchen a été un peu plus loin que les autres, et voilà tout.

— Admirablement parlé ! s'écria Quentin. Allons, mein herr Pavillon, un peu de hardiesse, suivez ce bon conseil, et vous ferez la plus belle action qu'on ait faite depuis le temps de Charlemagne. Et vous, jeune dame, enveloppez-vous bien dans cette cape (car comme nous l'avons déjà dit, beaucoup de vêtemens à usage de femme étaient épars sur le plancher); montrez de l'assurance; quelques minutes vous rendront libre, et vous mettront en sûreté. Allons, mein herr, marchez en avant.

— Un moment! un moment! dit Pavillon; j'ai de fâcheux pressentimens. Ce De la Marck est un diable, un vrai sanglier de caractère, comme de nom. Si cette jeune dame était une de ces comtesses de Croye, et qu'il vînt à le découvrir, qui sait où pourrait se porter sa colère.

— Et, quand je serais une de ces malheureuses femmes! s'écria Isabelle en voulant se jeter de nouveau à ses pieds, pourriez-vous pour cela m'abandonner en ce moment de désespoir? Oh! que ne suis-je véritablement votre fille, la fille du plus pauvre bourgeois!

— Pas si pauvre, jeune dame, répliqua le syndic; pas si pauvre : nous payons ce que nous devons.

— Pardon, noble seigneur, dit l'infortunée comtesse.

— Eh non! répondit Pavillon; ni noble, ni seigneur : rien qu'un simple bourgeois de Liège qui paie ses lettres de change argent comptant. Mais tout cela ne fait rien à l'affaire; et, quand vous seriez une comtesse, je vous protégerai.

— Vous êtes tenu de la protéger, quand même elle serait duchesse, dit Peterkin, puisque vous lui en avez donné votre parole.

— Vous avez raison, Peterkin, répondit Pavillon, tout-à-fait raison. Nous ne devons pas oublier notre vieux proverbe flamand : *ein word ein man*. Et maintenant, mettons-nous en besogne. Il faut que nous prenions congé de ce Guillaume de la Marck, et cependant mes forces m'abandonnent quand j'y pense. Je voudrais qu'il fût possible de nous dispenser de cette cérémonie.

— Puisque vous avez une troupe armée à votre disposition, dit Quentin, ne vaudrait-il pas mieux marcher vers la porte, et forcer le passage?

Mais Pavillon et son conseiller s'écrièrent d'une voix unanime qu'il ne convenait pas d'attaquer ainsi les soldats d'un allié; et ils ajoutèrent sur la témérité de cette entreprise quelques réflexions qui firent sentir à Durward qu'il serait imprudent de la risquer avec de tels compagnons. Ils résolurent donc de se rendre hardiment dans la grande salle, où, disait-on, le Sanglier des Ardennes était à table, et là, de demander pour le syndic la permission de sortir du château, demande qui paraissait trop raisonnable pour être refusée. Cependant le bon bourguemestre gémissait et soupirait en regardant ses compagnons, et il dit à son fidèle Peterkin : — Voyez ce que c'est que d'avoir un cœur trop sensible et trop tendre! Hélas! Peterkin, combien mon courage et mon humanité m'ont déjà coûté! et combien mes vertus me coûteront-elles peut-être encore, avant que le ciel nous fasse sortir de cet infernal château de Schonwaldt!

En traversant les cours, encore jonchées de morts et de mourans, Quentin, soutenant Isabelle au milieu de cette scène d'horreur, la consolait et l'encourageait à voix basse, en lui rappelant que sa sûreté dépendait entièrement de la présence d'esprit et de la fermeté qu'elle montrerait.

— Rien ne dépend de moi, lui répondit-elle; je ne

compte que sur vous. Oh! si j'échappe aux horreurs de cette nuit affreuse, jamais je n'oublierai celui qui m'a sauvée! J'ai pourtant encore une grace à vous demander, et je vous supplie de me l'accorder, au nom de l'honneur de votre mère, au nom du courage de votre père!

— Que pourriez-vous me demander, sans être sûre de l'obtenir? lui répondit Durward.

— Plongez-moi donc votre poignard dans le cœur, lui dit-elle, plutôt que de me laisser captive de ces monstres.

Quentin ne répondit qu'en pressant la main de la belle comtesse, qui semblait vouloir lui exprimer sa reconnaissance de la même manière, si la terreur ne l'en eût empêchée. Enfin, appuyée sur le bras de son jeune protecteur, elle entra dans la salle formidable où était De la Marck, précédée par Pavillon et son lieutenant, et suivie d'une douzaine d'ouvriers tanneurs, qui formaient une garde d'honneur à leur syndic.

Les bruyans éclats de rire, les acclamations confuses et les cris féroces qui en partaient, semblaient plutôt annoncer des démons en débauche, que des hommes se réjouissant d'avoir réussi dans une entreprise. Une ferme résolution, que le désespoir seul pouvait avoir inspirée, soutenait le courage factice de la comtesse Isabelle; un courage inébranlable, et qui semblait croître avec le danger, animait Durward; et Pavillon et son lieutenant, se faisant une vertu de la nécessité, étaient comme des ours enchaînés au poteau et forcés de soutenir une attaque dangereuse qu'ils ne peuvent éviter.

CHAPITRE XXII.

L'ORGIE.

―

Cade. « Où est Dick, le boucher d'Ashford?
Dick. « Le voici, Monsieur.
Cade. « Ils sont tombés devant toi comme des bœufs et des
        » moutons: et tu t'es conduit comme si tu avais été
        » dans ton abattoir. »
                    Shakspeare. *Henry VI*, partie II.

On pourrait à peine imaginer un changement plus étrange et plus horrible que celui qui avait eu lieu dans la grande salle du château de Schonwaldt depuis que Quentin y avait diné; c'était un tableau qui offrait sous leurs traits les plus hideux toutes les misères de la guerre; d'une guerre surtout faite par les plus féroces de tous les soldats, les mercenaires d'un siècle barbare; hommes qui, par habitude et par profession, s'étaient familiarisés avec tout ce que leur métier offre de plus cruel et de plus sanguinaire, sans avoir une étincelle de patriotisme, une lueur de l'esprit romanesque de la chevalerie. Ces vertus, à cette époque, appartenaient, l'une aux hardis paysans qui combattaient pour la défense de leur pays, l'autre aux vaillans chevaliers qui prenaient les armes au nom de l'honneur et de leurs belles.

Dans cette salle où, quelques heures auparavant, des fonctionnaires civils et religieux prenaient un repas tranquille et décent, avec une sorte de cérémonial qui faisait qu'on ne s'y permettait une plaisanterie qu'à demi-voix ; là où, au milieu d'une superfluité de vin et de bonne chère, il régnait naguère un décorum qui allait presqu'à l'hypocrisie, on pouvait voir une scène de débauche tumultueuse à laquelle Satan lui-même, s'il y eût présidé, n'aurait pu rien ajouter.

Au haut bout de la table, sur le trône de l'évêque, qu'on y avait apporté à la hâte de la salle du conseil, était assis le redoutable Sanglier des Ardennes, bien digne de ce nom, dont il affectait de tirer gloire, et qu'il cherchait à justifier par tous les moyens possibles. Sa tête était découverte, mais il portait sa pesante et brillante armure, qu'à la vérité il quittait fort rarement. Sur ses épaules était un manteau ou surtout fait d'une peau de sanglier préparée, dont la corne des pieds et les défenses étaient d'argent. La peau de la tête était arrangée de manière qu'étant tirée sur son casque, quand il était armé, ou sur sa tête nue, en guise de capuchon, comme il la portait souvent quand il était sans casque, elle lui donnait l'air d'un monstre menaçant et effroyable. Tel il paraissait en ce moment ; mais sa physionomie n'avait guère besoin de ces nouvelles horreurs pour ajouter à celles qui étaient naturelles à son expression ordinaire.

La partie supérieure du visage de de la Marck, comme la nature l'avait formée, donnait presque un démenti à son caractère; car, quoique ses cheveux, quand il les montrait, ressemblassent aux soies dures et grossières du monstre dont les dépouilles formaient sa parure, néanmoins un front élevé et découvert, des joues pleines et animées, de grands yeux gris pâle, mais étincelans, et un nez recourbé comme le bec d'un aigle, annonçaient la bravoure et quelque générosité. Cependant ce qu'il y avait d'heureux dans l'expression de ses traits était entièrement détruit par ses habitudes de violence et d'insolence, qui, jointes à tous les excès de ses débauches, donnaient à sa physionomie un caractère tout-à-fait différent de la galanterie grossière qu'elle aurait pu annoncer. Ses fréquens accès de fureur avaient enflé les muscles de ses joues, tandis que l'ivrognerie et le libertinage avaient amorti le feu de ses yeux et teint en rouge la partie qui aurait dû en être blanche; ce qui donnait à toute sa figure une ressemblance hideuse avec le monstre auquel le terrible baron aimait à se comparer; mais, par une espèce de contradiction assez singulière, de la Marck s'efforçait, par la longueur et l'épaisseur de sa barbe, de cacher la difformité naturelle qui lui avait fait donner un nom qui avait paru le flatter dans l'origine. Cette difformité était une épaisseur extraordinaire de la mâchoire inférieure, qui dépassait de beaucoup la supérieure, et de longues dents des deux côtés, qui ressemblaient aux défenses de cet animal féroce. C'était là ce qui, joint à sa passion pour la chasse, l'avait fait surnommer, il y avait déjà long-temps, *le Sanglier des Ardennes*. Son énorme barbe, hérissée et non peignée, ne servait ni à diminuer l'horreur qu'inspirait naturellement sa physionomie, ni même à donner la moindre dignité à son expression farouche.

Les officiers et les soldats étaient assis indistinctement à table avec des habitans de Liège, dont quelques-uns étaient de la dernière classe. On voyait parmi eux Nikkel Block, le boucher, placé à côté de De la Marck, les manches retroussées jusqu'au coude. Ses bras et son grand couperet placé devant lui sur la table étaient teints de sang. La plupart des soldats avaient, comme leurs maîtres, la barbe longue et hérissée; et leurs cheveux étaient retroussés de manière à ajouter encore à leur air de férocité naturel. Ivres comme ils le paraissaient presque tous, tant de la joie de leur triomphe que par suite de la quantité de vin qu'ils avaient bue, ils offraient un spectacle aussi hideux que dégoûtant. Leurs blasphèmes étaient si atroces, et les chansons qu'ils chantaient sans même que l'un se donnât la peine d'écouter l'autre, si licencieuses, que Quentin remercia le ciel que le tumulte ne permît pas à sa compagne de les bien entendre.

Ce qui nous reste à dire, c'est que le visage blême et l'air inquiet de la plupart des Liégeois qui partageaient cette effroyable orgie avec les soldats de Guillaume de la Marck, annonçaient que la fête leur déplaisait autant que leurs compagnons leur inspiraient de crainte. Au contraire quelques habitans de la classe inférieure, sans éducation, ou d'un caractère plus brutal, ne voyaient dans les excès de cette soldatesque, qu'une ardeur guerrière qu'ils désiraient imiter, et au niveau de laquelle ils cherchaient à se mettre en avalant de copieuses rasades de vin et de *schwartz-bier*, se livrant sans remords à un vice qui, dans tous les temps, n'a été que trop commun dans les Pays-Bas.

L'ordonnance du festin n'avait pas été plus soignée que les convives n'étaient choisis. On voyait sur la table toute la vaisselle d'argent de l'évêque, même les calices et les autres vases sacrés, car le Sanglier des Ardennes s'inquiétait fort peu qu'on l'accusât de sacrilège ; aussi étaient-ils mêlés avec des cruches de terre, des pots d'étain, et des coupes de l'espèce la plus commune.

Nous ne mentionnerons plus qu'une circonstance horrible dont il nous reste à rendre compte, et nous laisserons volontiers achever cette scène à l'imagination de nos lecteurs. Au milieu de la licence que se permettaient les soldats de Guillaume de la Marck, un lansquenet qui s'était fait remarquer par sa bravoure et son audace pendant l'attaque du château, n'ayant pas trouvé de place au banquet, avait imprudemment saisi sur la table un grand gobelet d'argent, et l'avait emporté, en disant qu'il s'indemnisait ainsi de ne pas avoir eu part au festin. Un trait si conforme à l'esprit de sa troupe fit rire le chef à s'en tenir les côtés ; mais, quand un autre soldat, qui, à ce qu'il paraît, n'avait pas la même réputation de vaillance, se permit de prendre la même liberté, De la Marck mit à l'instant un terme à une plaisanterie qui aurait bientôt dépouillé la table de tout ce qu'il y avait de plus précieux.

— Par l'esprit du tonnerre ! s'écria-t-il, ceux qui n'osent pas agir en hommes en face de l'ennemi auront-ils l'audace de jouer le rôle de voleurs parmi leurs compagnons ? Quoi ! lâche coquin, toi qui as attendu pour entrer dans le château que la porte en fût ouverte, et que le pont-levis en fût baissé, tandis que Conrad Horst en avait escaladé les murailles, tu oseras te montrer si mal appris! Qu'on l'accroche à l'instant à un des barreaux de fer de la croisée: il battra la mesure avec les pieds, tandis que nous boirons à l'heureux voyage de son ame en enfer.

Cette sentence fut exécutée presque aussi vite qu'elle avait été prononcée, et un instant après le malheureux était dans les convulsions de l'agonie. Son corps était encore pendu lorsque le syndic Pavillon entra dans la salle avec ses compagnons, et, interceptant la pâle clarté de la lune, il jetait sur le plancher une ombre dont la forme faisait deviner l'objet affreux qui la produisait.

Tandis que le nom de Pavillon passait de bouche en bouche dans cette assemblée tumultueuse, notre syndic s'efforçait de prendre l'air d'importance et de calme qui convenait à son autorité et à son influence, mais que la scène dont il venait d'être témoin, et surtout la vue de l'objet effrayant de la fenêtre, lui rendaient fort difficile à conserver, malgré les exhortations réitérées de Peterkin; celui-ci lui disait à l'oreille, non sans éprouver lui-même quelque trouble: — Du courage! du courage! ou nous sommes perdus.

Le syndic soutint pourtant sa dignité, aussi bien qu'il le put, par un petit discours dans lequel il félicita la compagnie de la victoire signalée que venaient de remporter les soldats de Guillaume de la Marck et les bons habitans de Liège.

— Oui, répondit De la Marck avec un ton de sarcasme, nous avons enfin mis la bête aux abois, comme disait le bichon au chien courant. Mais, oh! oh! sire bourguemestre, vous arrivez ici comme le dieu Mars, avant la beauté à vos côtés. Qui est cette belle voilée? Qu'elle se découvre! Il n'y a pas une femme qui puisse dire cette nuit que sa beauté est à elle.

— C'est ma fille, noble chef, répondit Pavillon, et je vous supplie de lui permettre de garder son voile. C'est un vœu qu'elle a fait aux trois bienheureux rois de Cologne.

— Je l'en releverai tout à l'heure, répondit De la Marck; car avec un coup de couperet je vais me consacrer évêque de Liège; et je me flatte qu'un évêque vivant vaut bien trois rois morts.

A peine eut-il prononcé ces mots, qu'un murmure assez prononcé s'éleva dans la compagnie, car les habitans de Liège avaient une grande vénération pour les trois rois de Cologne, comme on les appelait, et parmi les soldats féroces du Sanglier des Ardennes, il s'en trouvait même un certain nombre qui avaient pour eux un respect qu'ils n'accordaient à personne.

— Je n'entends pas manquer à leurs défuntes majestés, ajouta De la Marck; je dis seulement que je suis déterminé à être évêque. Un prince séculier et ecclésiastique en même temps, ayant le pouvoir de lier et de délier, est ce qui convient le mieux à une bande de réprouvés comme vous autres, à qui nul autre ne voudrait donner l'absolution. Mais avancez, noble bourguemestre, prenez place à côté de moi, vous allez voir comme je sais rendre un siège vacant. Qu'on nous amène celui qui fut notre prédécesseur dans ce saint siège.

Il se fit dans la salle un mouvement pour livrer passage au syndic de Liège, mais Pavillon, s'excusant avec modestie de prendre la place d'honneur qui lui était offerte, alla se placer au bas bout de la table, son cortège lui marchant sur les talons, comme on voit quelquefois des moutons suivre le vieux bélier, chef et guide du troupeau, parce qu'ils lui croient un peu plus de courage qu'à eux-mêmes.

Près du chef vainqueur était un beau jeune homme, fils naturel, disait-on, du féroce de la Marck, et à qui il montrait quelquefois de l'affection et même de la tendresse. Sa mère, maîtresse de ce monstre, était une femme de la plus grande beauté, qui était morte d'un coup qu'il lui avait donné dans un accès d'ivresse ou de jalousie, et ce crime avait causé au tyran autant de remords qu'il était susceptible d'en éprouver. C'était peut-être même cette circonstance qui avait fait naître son attachement pour son fils. Quentin, qui avait appris tous ces faits du vieux chapelain de l'évêque, se plaça le plus près possible du jeune homme en question, déterminé à s'en faire un ôtage ou un protecteur, si tout autre moyen de salut lui échappait.

Tandis que tous les esprits étaient dans l'attente de ce qui résulterait de l'ordre que le tyran venait de donner, un des hommes de la suite de Pavillon dit tout bas à Peterkin : — Notre maître n'a-t-il pas dit que cette femelle est sa fille? Ce ne peut pas être Trudchen. Celle-ci a deux bons pouces de plus, et je vois une mèche de cheveux noirs sortir de dessous son voile. Par saint Michel de la place du marché! autant vaudrait appeler le cuir d'un bœuf noir celui d'une génisse blanche.

— Paix! paix! répondit Peterkin avec quelque présence d'esprit. Que sais-tu si notre maître n'a pas envie de dérober une tête de venaison dans le parc de l'évêque, sans que notre bourgeoise en sache rien? Ce n'est ni à toi, ni à moi, d'espionner sa conduite.

— Je n'en ai nulle envie, répliqua l'autre; seulement je n'aurais pas cru qu'à son âge il lui eût pris fantaisie de dérober une pareille biche. *Sapperment!* quelle futée matoise! voyez comme elle se met derrière les autres pour ne pas être vue par les gens du Sanglier! Mais chut! chut! Voyons ce qu'on va faire du pauvre vieil évêque.

En ce moment, une soldatesque brutale traînait dans la salle l'évêque de Liège, Louis de Bourbon. Ses cheveux, sa barbe et ses habits en désordre attestaient les mauvais traitemens qu'il avait déjà essuyés, et on lui avait même mis quelques-uns de ses vêtemens sacerdotaux, probablement en dérision de son caractère sacré. Par une faveur du sort, comme Quentin ne put s'empêcher de le penser, la comtesse Isabelle, dont la sensibilité, en voyant son protecteur réduit à une telle extrémité, aurait pu trahir son secret et compromettre sa sûreté, était assise de manière à ne pouvoir entendre ni voir ce qui allait se passer, et il eut grand soin de se placer toujours devant elle, de sorte qu'elle ne pût ni rien observer, ni être observée elle-même.

La scène qui eut lieu ensuite fut courte et épouvantable. Lorsque l'infortuné prélat eut été amené devant le chef féroce, quoiqu'il se fût fait remarquer toute sa vie par un caractère de douceur et de bonté, il parut en ce moment critique armé de la noblesse et de la dignité convenables à son illustre race. Quand les indignes mains qui le traînaient ne le souillèrent plus de leur attouchement impur, son regard redevint tranquille et assuré; son maintien imposant et sa noble résignation participaient à la fois d'un prince de la terre et d'un martyr chrétien. Le farouche de la Marck ne put d'abord se soustraire à l'influence de la contenance héroïque de son prisonnier, et peut-être le souvenir des bienfaits qu'il en avait reçus contribua-t-il à lui donner un air d'irrésolution et à lui faire baisser les yeux. Ce ne fut qu'après avoir vidé un grand verre de vin, qu'il reprit son maintien hautain et insolent. Levant alors les yeux sur l'infortuné captif, respirant péniblement, grinçant les dents, allongeant vers lui son poing fermé, et faisant tous les gestes qui pouvaient exciter et entretenir sa férocité naturelle :

— Louis de Bourbon, lui dit-il, je vous ai offert mon amitié, et vous l'avez rejetée. Que ne donneriez-vous pas aujourd'hui pour avoir agi différemment?—Nikkel, allons, sois prêt.

Le boucher se leva, saisit son couperet; et levant son bras nerveux, il se plaça derrière le tyran, prêt à exécuter ses ordres.

— Regardez cet homme, Louis de Bourbon! dit de la Marck, et dites-moi ce que vous avez maintenant à m'offrir pour échapper à ce moment dangereux.

L'évêque jeta un regard mélancolique mais ferme sur l'affreux satellite, dont l'attitude annonçait qu'il était prêt à exécuter les volontés du despote, et répondit sans paraître ébranlé :

— Écoutez-moi, Guillaume de la Marck, et vous tous, gens de bien, s'il est ici quelqu'un qui mérite ce nom; écoutez ce que j'ai à offrir à ce scélérat. Guillaume de la Marck, tu as excité à la révolte une cité impériale; tu as pris d'assaut le palais d'un prince du Saint Empire germanique; tu as massacré ses sujets, pillé ses biens, maltraité sa personne. Tu as mérité pour tous ces faits d'être mis au ban de l'Empire, d'être déclaré fugitif et hors la loi, d'être privé de tes droits et de tes possessions. Tu as fait pire encore ; tu as fait plus que violer les lois humaines, et mériter la vengeance des hommes : tu as osé entrer dans la maison du Seigneur, porter la main sur un père de l'Église, souiller le sanctuaire de Dieu par le vol et le meurtre, comme un brigand sacrilège.....

— As-tu fini ? s'écria De la Marck en l'interrompant, et en frappant du pied avec fureur.

— Non, répondit le prélat, car je ne t'ai pas encore dit ce que j'ai à t'offrir.

— Continue donc, reprit le Sanglier des Ardennes, et malheur à ta tête blanche si la fin de ton sermon ne me plaît pas davantage que l'exorde. Et à ces mots il s'enfonça dans son siège en grinçant des dents et en écumant de rage, comme l'animal dont il portait le nom et les dépouilles.

— Voilà quels sont tes crimes, continua l'évêque avec un ton de détermination calme : maintenant écoute ce que je veux bien t'offrir comme prince compatissant, comme prélat chrétien. Jette ton bâton de commandement ; renonce à ton autorité, délivre tes prisonniers ; restitue le butin que tu as fait ; distribue tout ce que tu possèdes aux orphelins dont tu as fait périr les pères, aux veuves que tu as privées de leurs maris ; couvre-toi d'un sac, jette des cendres sur ta tête, prends un bourdon à la main, et va à Rome en pèlerinage : nous solliciterons nous-même de la chambre impériale de Ratisbonne le pardon de tes forfaits, et de notre saint-père le pape l'absolution de tes péchés.

Tandis que Louis de Bourbon proposait ces conditions d'un ton aussi décidé que s'il eût été assis sur son trône épiscopal et que l'usurpateur eût été prosterné à ses pieds en suppliant, De la Marck se leva lentement, la surprise que lui causait cette audace cédant peu à peu à la rage. Enfin, quand le prélat eut cessé de parler, il jeta un coup d'œil sur Nikkel Block, et leva un doigt, sans prononcer une parole. A l'instant même le scélérat frappa, comme s'il eût fait son métier dans sa tuerie, et l'évêque assassiné tomba, sans pousser un seul gémissement, aux pieds de son trône épiscopal.

Les Liégeois, qui ne s'attendaient pas à cette horrible catastrophe, et qui croyaient au contraire voir cette conférence se terminer par quelque arrangement à l'amiable, firent tous un mouvement d'horreur, et poussèrent des cris d'exécration et de vengeance. Mais la voix terrible de Guillaume de la Marck se fit entendre au-dessus de tout ce tumulte. Le poing fermé, et le bras tendu, il s'écria : — Eh quoi ! vils pourceaux de Liège, vous qui vous vautrez dans la fange de la Meuse, oseriez-vous vous mesurer avec le Sanglier des Ardennes ? Holà, mes marcassins (car c'était le nom que lui-même et beaucoup d'autres donnaient souvent à ses soldats), montrez vos défenses à ces pourceaux flamands.

Tous ses soldats furent debout au même instant; et, comme ils étaient mêlés avec leurs ci-devant alliés, qui ne s'attendaient pas à être attaqués, chacun d'eux, en un clin d'œil, saisit au collet le Liégeois dont il était voisin, tandis que sa main droite tenait levé sur sa poitrine un poignard dont on voyait briller la lame à la lueur des lampes et de la lune. Tous les bras étaient levés, mais personne ne frappait. Les Liégeois étaient trop surpris pour faire résistance, et peut-être De la

Marck ne se proposait-il que d'imprimer la terreur dans l'esprit des citadins ses confédérés.

Mais la face des choses changea soudain, grace au courage de Durward, dont la présence d'esprit et la résolution étaient au-dessus de son âge, et qui était stimulé dans ce moment par tout ce qui pouvait lui prêter une nouvelle énergie. Imitant les soldats de De la Marck, il s'élança sur Carl Éberon, le fils de leur chef, le maîtrisa facilement; et, lui appuyant un poignard sur la gorge, il s'écria à haute voix : — Jouez-vous ce jeu-là ? En ce cas, m'y voilà aussi.

— Arrêtez! arrêtez! s'écria De la Marck; c'est une plaisanterie, ce n'est pas autre chose. Pensez-vous que je voudrais faire le moindre mal à mes bons amis et alliés de la ville de Liège? Soldats, bas les armes, et asseyez-vous! Qu'on emporte cette charogne, qui a causé cette querelle entre des amis, ajouta-t-il en poussant du pied le corps de l'évêque, et noyons-en le souvenir dans de nouveaux flots de vin.

On obéit à l'instant, et les soldats et les Liégeois se regardaient les uns les autres comme ne sachant pas trop s'ils étaient amis ou ennemis. Quentin Durward profita du moment :

— Guillaume de la Marck! s'écria-t-il, et vous, bourgeois et citoyens de Liège, écoutez-moi un instant; et vous, jeune homme, tenez-vous en repos (car le jeune Carl cherchait à lui échapper) : il ne vous arrivera aucun mal, à moins que je n'entende encore quelqu'une de ces plaisanteries piquantes.

—Et qui es-tu? au nom du diable! s'écria De la Marck étonné, toi qui oses venir prendre des ôtages en ma présence, et m'imposer des conditions, à moi qui en prescris aux autres, et qui n'en reçois de personne.

— Je suis un serviteur de Louis, roi de France, répondit Quentin avec hardiesse, un des archers de sa garde écossaise, comme mon langage, et en partie mon costume, peuvent vous en avertir. Je suis ici par son ordre, pour être témoin de ce qui s'y passe, et lui en faire mon rapport; et je vois avec surprise qu'on agit en païens plutôt qu'en chrétiens, en fous plutôt qu'en hommes raisonnables. L'armée de Charles de Bourgogne va marcher incessamment contre vous; et si vous désirez obtenir des secours de la France, il faut que vous agissiez différemment. Quant à vous, habitans de Liège, je vous invite à retourner à l'instant dans votre ville; et, si quelqu'un met obstacle à votre départ, je le déclare ennemi de mon maître, Sa Majesté très-chrétienne.

— France et Liège! France et Liège! s'écrièrent les tanneurs formant la garde du corps de Pavillon, et plusieurs autres bourgeois dont l'audace de Quentin commençait à ranimer le courage; France et Liège! vive le brave archer! nous vivrons et nous mourrons avec lui!

Les yeux de Guillaume de la Marck étincelaient, et il porta la main à son poignard, comme s'il eût voulu le lancer droit au cœur de l'audacieux archer. Mais, jetant un coup d'œil autour de lui, il vit dans les regards de ses propres soldats quelque chose qu'il dut *lui-même* respecter. Un grand nombre d'entre eux étaient Français, et aucun d'eux n'ignorait les secours secrets en hommes et en argent que leur maître recevait de la France; quelques-uns étaient même épouvantés du meurtre sacrilège qui venait d'être commis. Le nom de Charles de Bourgogne, prince dont le ressentiment ne pouvait qu'être excité par tout ce qui s'était passé cette nuit ; l'imprudence de se faire une querelle avec les Liégeois ; la folie d'exciter la colère du roi de France : toutes ces idées faisaient une vive impression sur leur esprit, quoiqu'ils n'en eussent pas alors l'usage bien libre. En un mot, De la Marck vit que s'il se portait à quelque nouvelle violence, il courait le risque de ne pas être soutenu, même par sa propre troupe.

En conséquence déridant son front et adoucissant l'expression menaçante de son regard, il déclara qu'il n'avait aucun mauvais dessein contre ses bons amis de Liège ; qu'ils étaient libres de quitter Schonwaldt quand bon leur semblerait, quoiqu'il eût espéré qu'ils passeraient au moins la nuit à se réjouir avec lui en honneur de leur victoire. Il ajouta avec plus de calme qu'il n'en montrait communément, qu'il serait prêt à entrer en négociation avec eux pour le partage des dépouilles, et à concerter les mesures nécessaires pour leur défense mutuelle, soit le lendemain, soit tel autre jour qu'il leur plairait. Quant au jeune archer de la garde écossaise, il se flattait qu'il lui ferait l'honneur de passer la nuit à Schonwaldt.

Quentin fit ses remerciemens, mais ajouta que tous ses mouvemens devaient être déterminés par ceux de mein herr Pavillon, auquel il était particulièrement chargé de s'attacher ; mais qu'il l'accompagnerait, bien certainement, la première fois qu'il viendrait voir le vaillant Guillaume de la Marck.

— Si vos mouvemens se règlent sur les miens, dit Pavillon, il est probable que vous quitterez Schonwaldt sans un instant de délai ; et, si vous n'y revenez qu'en ma compagnie, il est à croire qu'on ne vous y reverra pas de si tôt.

L'honnête citoyen ne prononça la dernière partie de cette phrase qu'entre ses dents, comme s'il eût craint de laisser entendre l'expression d'un sentiment qu'il lui était pourtant impossible d'étouffer entièrement.

— Suivez-moi pas à pas, mes braves tanneurs, dit-il à ses gardes-du-corps, et nous sortirons le plus tôt possible de cette caverne de voleurs.

La plupart des Liégeois, du moins ceux qui s'élevaient au-dessus de la canaille, partageaient à cet égard l'opinion du syndic, et il y avait eu parmi eux moins de joie quand ils étaient entrés triomphans dans Schonwaldt, qu'ils n'en éprouvèrent à l'espoir d'en sortir sains et saufs. On ne mit aucun obstacle à leur départ, et l'on peut juger de la joie qu'éprouva Quentin lorsqu'il se vit hors de ces murs formidables.

Pour la première fois depuis qu'ils étaient entrés dans la salle qui venait d'être témoin d'un meurtre abominable, Quentin se hasarda à adresser la parole à la jeune comtesse, en lui demandant comment elle se trouvait.

— Bien, bien, répondit-elle avec le langage laconique de l'effroi; parfaitement bien. — Ne vous arrêtez pas pour me faire une seule question. Ne perdons pas un instant. Fuyons, fuyons.

Tout en parlant ainsi, elle s'efforçait d'accélérer le pas, mais avec si peu de succès qu'elle serait tombée d'épuisement si Durward ne l'eût soutenue. Avec la tendresse d'une mère qui veut mettre son enfant hors de danger, le jeune Écossais la prit entre ses bras pour la porter; et tandis qu'elle lui passait le bras autour du cou, sans autre pensée que le désir de se sauver, il n'aurait pas voulu avoir couru cette nuit un péril de moins, puisque telle en était la conclusion.

L'honnête bourguemestre, de son côté, était soutenu et presque traîné par son fidèle conseiller Peterkin et un autre de ses ouvriers : ce fut ainsi qu'ils arrivèrent hors d'haleine sur les bords de la Meuse, ayant rencontré, chemin faisant, plusieurs troupes d'habitans de Liége, qui désiraient savoir quelle était la situation des choses à Schonwaldt, et s'il était vrai, comme le bruit commençait à s'en répandre, qu'une querelle s'était élevée entre les vainqueurs.

Se débarrassant de ces curieux importuns aussi bien qu'ils le purent, ils réussirent enfin, grace à Peterkin et à quelques-uns de ses compagnons, à se procurer une barque, et ils purent jouir par ce moyen d'un repos dont avait grand besoin Isabelle, qui continuait à rester presque sans mouvement dans les bras de son libérateur. Ce retour du calme n'était pas moins nécessaire au bon bourguemestre, qui, après avoir fait quelques remerciemens sans suite à Durward, commença une longue harangue adressée à Peterkin, sur le courage dont il avait fait preuve, la bienfaisance qu'il avait montrée, et les périls sans nombre auxquels ces deux vertus l'avaient exposé tant en cette occasion qu'en plusieurs autres.

— Peterkin, lui dit-il en reprenant le même chapitre que la veille, si j'avais eu le cœur moins brave, je ne me serais pas opposé à ce que les bourgeois de Liége payassent le vingtième, quand tous les autres y consentaient. Un cœur moins brave ne m'aurait pas conduit à cette bataille de Saint-Tron, où un homme d'armes du Hainaut me renversa d'un coup de lance dans un fossé rempli de boue, et d'où ni ma bravoure ni mes efforts ne purent me tirer avant la fin de la bataille. Et n'est-ce pas encore mon courage qui m'a fait mettre la nuit dernière un corselet devenu trop étroit, et dans lequel j'aurais été étouffé sans l'aide de ce brave jeune homme dont le métier est de se battre, à quoi je lui souhaite beaucoup de plaisir? Et quant à ma bonté de cœur, Peterkin, elle m'a rendu pauvre, c'est-à-dire elle m'aurait rendu pauvre, si je n'avais été passablement nanti des biens de ce misérable monde. Et Dieu sait dans quel embarras je puis encore me trouver avec des dames, des comtesses, des secrets à garder. Tout cela peut me coûter la moitié de ma fortune, et mon cou par-dessus le marché.

Quentin ne put garder le silence plus long-temps, et il l'assura que, s'il courait quelques dangers ou faisait quelques pertes à cause de la jeune dame alors sous sa protection, elle s'empresserait de l'en dédommager par sa reconnaissance et par toutes les indemnités possibles.

— Grand merci, monsieur l'archer, grand merci, répondit le citoyen de Liège; mais qui vous a dit que je demande à être indemnisé pour m'être acquitté du devoir d'un honnête homme? Je regrettais seulement qu'il pût m'en coûter quelque chose de manière ou d'autre; et j'espère qu'il m'est permis de parler ainsi à mon lieutenant, sans reprocher à personne les pertes et les dangers que je puis encourir.

Quentin conclut de ce discours que le syndic était du nombre de ces gens qui se paient, en murmurant et en grondant, des services qu'ils rendent aux autres, et dont le seul motif, en se plaignant ainsi, est de donner une plus haute idée de ce qu'ils ont pu faire. Il garda donc un silence prudent, et permit au bourguemestre de s'étendre tout à son aise sur les pertes et les dangers auxquels il s'était exposé et s'exposait encore en ce moment, par suite de son zèle pour le bien public, et de sa bienfaisance désintéressée pour ses semblables; sujet qui le conduisit jusqu'à la porte de sa maison.

La vérité était que l'honnête citoyen sentait qu'il avait perdu un peu de son importance en laissant figurer un jeune étranger au premier rang pendant la crise qui venait d'avoir lieu au château de Schonwaldt; et quelque enchanté qu'il eût été, dans le moment, de l'effet qu'avait produit l'intervention de Durward, cependant, en y réfléchissant, il sentait le tort que devait en souffrir sa réputation de courage, et il s'efforçait d'en obtenir une compensation, en exagérant les droits qu'il avait à la reconnaissance du pays en général, de ses amis en particulier, et plus spécialement encore à celle de la jeune comtesse et de son protecteur.

Mais lorsque la barque se fut arrêtée au bout du jardin, et qu'avec l'aide de Peterkin il eut mis le pied sur la rive, on aurait dit que le sol du terrain qui lui appartenait avait la vertu de dissiper tout à coup ces sentimens de jalousie et d'amour-propre blessé, et de changer le démagogue mécontent de s'être vu éclipsé, en ami serviable, bon et hospitalier. Il appela à haute voix Trudchen, qui parut sur-le-champ, car la crainte et l'inquiétude avaient presque entièrement banni le sommeil des murs de Liège pendant cette nuit désastreuse. Trudchen fut chargée de donner tous ses soins à la belle étrangère, qui avait à peine l'usage de ses sens; et la bonne fille du digne syndic, admirant les charmes de la jeune comtesse et prenant pitié de l'affliction dans laquelle elle paraissait plongée, s'acquitta de ce devoir hospitalier avec le zèle et l'affection d'une sœur.

QUENTIN DURWARD.

Quelque tard qu'il fût, et quelque fatigué que parût Pavillon, ce ne fut pas sans difficulté que Quentin échappa à un flacon de vin précieux, aussi vieux que la bataille d'Azincourt; et il aurait été obligé d'en prendre sa part, sans l'arrivée de la maîtresse de la maison, que les cris redoublés de Pavillon pour obtenir les clefs de la cave firent sortir de sa chambre à coucher. C'était une petite femme ronde, qui paraissait avoir été assez bien dans son temps; mais qui, depuis plusieurs années, se faisait particulièrement remarquer par un nez rouge et pointu, une voix aigre, une détermination bien prononcée de tenir son mari sous une discipline sévère dans sa maison, en considération de l'autorité qu'il exerçait quand il en était dehors.

Dès qu'elle apprit la nature du débat qui avait eu lieu entre son mari et son hôte, elle déclara positivement que le premier, bien loin d'avoir besoin de prendre du vin, n'en avait déjà que trop bu; et, au lieu de se servir, comme il le désirait, d'aucune des clefs dont un gros trousseau était suspendu à sa ceinture par une chaîne d'argent, elle lui tourna le dos sans cérémonie et conduisit Durward dans un appartement propre, si bien meublé, si bien garni du commode et de l'utile, qu'il n'en avait pas encore vu qui pût lui être comparé, tant les riches Flamands l'emportaient, à cette époque, non-seulement sur les pauvres et grossiers Écossais, mais sur les Français eux-mêmes, pour tous les agrémens de la vie domestique.

CHAPITRE XXIII.

LA FUITE.

« . . . . . . Parlez, dites-moi de partir ;
» Vous me verrez tenter jusques à l'impossible,
» Le tenter, et bien plus ; je prétends réussir.
» . . . .
» . . . .
» Marchez, et je vous suis — dans l'ardeur qui m'enflamme
» Je me sens prêt à tout . . . . »

Shakspeare, Jules César.

En dépit d'un mélange de crainte, de doute, d'inquiétude, et de toutes les autres passions qui l'agitaient, les fatigues de la journée précédente avaient tellement épuisé les forces de notre jeune Écossais, qu'il dormit d'un profond sommeil, et ne s'éveilla qu'assez tard le lendemain, à l'instant où son digne hôte entrait dans sa chambre le front chargé de soucis.

Il s'assit près du lit de Quentin, et commença un

long discours assez peu clair sur les devoirs domestiques des personnes mariées, et principalement sur le pouvoir respectable et la suprématie légitime que le mari devait maintenir toutes les fois qu'il se trouvait d'un avis opposé à celui de sa femme.

Quentin l'écoutait avec quelque inquiétude ; il savait que les maris, comme les autres puissances belligérantes, étaient quelquefois disposés à chanter un *Te Deum*, plutôt pour cacher une défaite que pour célébrer une victoire ; et il se hâta de s'en assurer plus positivement en lui disant qu'il espérait que son arrivée chez lui n'avait occasioné aucun embarras à la maîtresse de la maison.

— Embarras ! répondit le bourguemestre ; non. Il n'y a pas de femme qui puisse être prise moins à l'improviste que la mère Mabel ; elle est toujours charmée de voir ses amis ; elle a toujours, Dieu merci, un appartement tout prêt et un garde-manger bien garni. C'est la femme du monde la plus hospitalière ; seulement, c'est dommage qu'elle ait un caractère tout particulier.

— En un mot, notre séjour ici lui est désagréable, dit Quentin en se levant à la hâte et en commençant à s'habiller. Si j'étais sûr que cette jeune dame fût en état de voyager après les horreurs de la nuit dernière, nous n'ajouterions pas à nos torts en restant ici un moment de plus.

— C'est précisément ce qu'elle a dit elle-même à la mère Mabel, dit Pavillon, et j'aurais voulu que vous eussiez vu les couleurs qui lui montaient aux joues pendant qu'elle lui parlait ainsi. Une laitière qui a patiné cinq milles contre le vent, pour venir au marché, n'est qu'un lis en comparaison. Je ne suis pas surpris que la mère Mabel en soit un peu jalouse. Pauvre chère ame!

— La jeune dame a-t-elle donc déjà quitté son appartement? demanda Durward en continuant sa toilette avec une double précipitation.

— Oui vraiment, et elle désire vous voir pour déterminer quel chemin vous prendrez, puisque vous êtes tous deux décidés à partir. Mais j'espère que vous ne partirez qu'après le déjeuner.

— Pourquoi ne m'avez-vous pas dit tout cela plus tôt? s'écria Quentin avec impatience.

— Doucement! doucement! Je ne vous ai parlé que trop tôt, si vous vous démontez si vite. Cependant j'aurais encore autre chose à vous dire, si je vous voyais assez de patience pour m'écouter.

— Parlez, mein herr, parlez aussi promptement et aussi vite que vous le pourrez : je suis tout attention.

— Eh bien donc, je n'ai qu'un mot à vous dire; c'est que Trudchen, qui est aussi fâchée de se séparer de cette jeune et jolie dame, que si c'était sa sœur, vous conseille de prendre un autre déguisement; car le bruit court dans la ville que les comtesses de Croye voyagent en habit de pèlerines, accompagnées d'un archer de la garde écossaise du roi de France; on ajoute que l'une d'elles a été amenée hier à Schonwaldt, comme nous venions d'en partir, par un Bohémien qui a assuré Guillaume de la Marck que vous n'étiez chargé d'aucun message ni pour lui, ni pour le bon peuple de Liége; que vous aviez enlevé la jeune comtesse, et que vous voyagiez avec elle comme son amoureux. Toutes ces nouvelles sont arrivées ce matin du château, et nous ont été annoncées à moi et aux autres conseillers, qui ne savent trop quel parti prendre; car, quoique notre opinion soit que ce Guillaume de la Marck a été un peu trop brutal, tant avec l'évêque qu'avec nous, cependant on le regarde en général comme un brave homme au fond, c'est-à-dire, quand il n'a pas trop bu, et comme le seul chef, dans le monde entier, qui puisse nous défendre contre le duc de Bourgogne ; et moi-même, au point où en sont les choses, je suis à moitié convaincu que nous devons nous maintenir en bonne intelligence avec lui, car nous sommes trop avancés pour reculer.

Quentin ne fit ni reproches ni remontrances à Pavillon, parce qu'il vit que ce serait une peine inutile, et que le digne magistrat n'en persisterait pas moins dans une résolution que lui avaient fait prendre sa soumission à sa femme et ses opinions comme homme de parti.
— Votre fille a raison, lui dit-il, il faut que nous partions déguisés, et que nous partions à l'instant même. Nous pouvons, j'espère, compter que vous nous garderez le secret, et que vous nous fournirez les moyens de nous échapper?

— De tout mon cœur, répondit l'honnête citadin, qui, n'étant pas très-satisfait lui-même de la dignité de sa conduite, désirait trouver quelque moyen de se la faire pardonner ; — de tout mon cœur ! Je ne puis oublier que je vous ai dû la vie la nuit dernière, d'abord quand vous m'avez débarrassé de ce maudit pourpoint d'acier, et ensuite quand vous m'avez tiré d'un embarras bien pire encore, car ce Sanglier et ses marcassins sont des diables plutôt que des hommes : aussi je vous serai fidèle, autant que la lame l'est au manche, comme disent nos couteliers, qui sont les meilleurs du monde. Allons, à présent que vous voilà habillé, suivez-moi par ici, et vous allez voir jusqu'à quel point j'ai confiance en vous.

En sortant de la chambre où Quentin avait couché, le syndic le conduisit dans le cabinet où il faisait lui-même tous ses paiemens. Quand ils y furent entrés, il en ferma la porte aux verroux avec soin, jeta autour de lui un regard de précaution, ouvrit un cabinet dont la porte était cachée derrière la tapisserie, et dans lequel étaient plusieurs caisses de fer. Il en ouvrit une, pleine de guilders; et, la mettant à la discrétion de Durward, il lui dit d'y prendre telle somme qu'il jugerait nécessaire pour ses dépenses et celles de sa compagne.

Comme l'argent que Quentin avait reçu en partant du Plessis était alors presque entièrement dépensé, il n'hésita pas à accepter une somme de deux cents guilders; et, en agissant ainsi, il déchargea d'un grand poids l'esprit de Pavillon, qui regarda le prêt qu'il risquait volontairement, comme une réparation du manque d'hospitalité que diverses considérations le forçaient en quelque sorte de commettre.

Ayant bien fermé la caisse, le cabinet et la chambre qui contenaient son trésor, le riche Flamand conduisit son hôte dans le salon, où il trouva la comtesse vêtue en fille flamande de la moyenne classe. Elle était pâle, mais, malgré les scènes de la nuit précédente, encore assez forte pour se mettre en route, et jouissant de toute sa présence d'esprit. Trudchen était seule auprès d'elle, s'occupant avec soin à mettre la dernière main au costume d'Isabelle, et lui donnant les instructions nécessaires pour qu'elle pût le porter sans avoir un air emprunté.

La comtesse tendit la main à Quentin, qui la baisa

avec respect, et elle lui dit : — M. Durward, il faut que nous quittions ces bons amis, de peur d'attirer sur eux une partie des maux qui m'ont poursuivie depuis la mort de mon père. Il faut que vous changiez d'habits et que vous me suiviez, à moins que vous ne soyez las de protéger une infortunée.

— Moi ! moi ! las de vous suivre ! s'écria Quentin ; je vous suivrai jusqu'au bout du monde ; je vous défendrai contre tout l'univers ; mais vous, vous-même, êtes-vous en état d'accomplir la tâche que vous entreprenez ? Pouvez-vous, après les horreurs de la nuit dernière.....?

— Ne les rappelez pas à ma mémoire, répondit la comtesse. Je ne m'en souviens que confusément, comme d'un songe affreux. Le digne évêque est-il sauvé ?

— Je crois qu'il n'a rien à craindre, dit Quentin en faisant un signe de silence à Pavillon, qui semblait se disposer à commencer le récit horrible de la mort du prélat.

— Nous serait-il possible de le joindre ? demanda Isabelle. A-t-il réuni quelques forces ?

— Il n'a d'espérance que dans le ciel, répondit Durward. Mais, en quelque lieu que vous désiriez vous rendre, je serai votre guide et votre garde ; je ne vous abandonnerai jamais.

— Nous y réfléchirons, dit Isabelle ; et, après une pause d'un instant, elle ajouta : — Un couvent serait l'asile de mon choix ; mais je crains que ce ne soit une bien faible défense contre mes persécuteurs.

— Hem ! hem ! dit le syndic ; je ne pourrais en conscience vous conseiller de choisir un couvent dans les environs de Liège ; car le Sanglier des Ardennes, brave chef d'ailleurs, allié fidèle et plein de bienveillance pour notre ville, a l'humeur un peu bourrue, et ne respecte guère les cloîtres, les couvens, les monastères. On dit qu'il y a une vingtaine de nonnes, c'est-à-dire de ci-devant nonnes, qui marchent avec sa compagnie.....

— Préparez-vous à partir, M. Durward, et le plus promptement possible, dit Isabelle interrompant ces détails, puisque vous voulez bien encore veiller à ma sûreté.

Dès que le syndic et Quentin furent sortis, Isabelle commença à faire à Gertrude diverses questions relativement aux routes et à d'autres objets, avec tant de calme et de présence d'esprit, que la fille du bourguemestre ne put s'empêcher de s'écrier : — Je vous admire, madame ; j'ai entendu parler du courage qu'ont montré quelques femmes ; mais le vôtre me paraît au-dessus des forces de l'humanité.

—La nécessité, ma chère amie, répondit la comtesse, est la mère du courage comme de l'invention. Il n'y a pas long-temps, je m'évanouissais en voyant une goutte de sang tomber d'une égratignure. — Eh bien ! hier, j'en ai vu couler, je puis dire des flots, autour de moi, et cependant mes sens ne m'ont pas abandonnée, et j'ai conservé l'usage de toutes mes facultés. Ne croyez pourtant pas que cette tâche ait été facile, ajouta-t-elle en appuyant sur le bras de Gertrude une main tremblante, quoiqu'elle parlât d'une voix ferme : — la force qui soutient mon cœur est comme une garnison assiégée par des milliers d'ennemis, et que la résolution la plus déterminée peut seule empêcher de capituler et de se rendre. Si ma situation était tant soit peu moins dangereuse; si je ne sentais pas que la seule chance qui me reste pour échapper à un sort pire que la mort est de conserver du sang-froid et de la présence d'esprit, je me jetterais en ce moment entre vos bras, Gertrude, et je soulagerais ma douleur par un torrent de larmes, les plus amères qu'on ait jamais versées.

— N'en faites rien, madame, répondit la Flamande compatissante; prenez courage; dites votre chapelet; mettez-vous sous la protection du ciel; et, s'il a jamais envoyé un sauveur à quelqu'un prêt à périr, ce brave et hardi jeune homme doit être le vôtre. Il y a aussi quelqu'un sur qui j'ai quelque crédit, ajouta-t-elle en rougissant : n'en dites rien à mon père; mais j'ai dit à mon amoureux, Hans Glover, de vous attendre à la porte du côté de l'est, et de ne se remontrer à moi que pour m'apprendre qu'il vous a conduite en sûreté au-delà du territoire de Liège.

La comtesse ne put exprimer ses remerciemens à l'excellente fille qu'en l'embrassant tendrement; et Gertrude, lui rendant ses embrassemens avec une affection pleine de franchise, ajouta en souriant : — Ne vous inquiétez pas : si deux filles et deux amoureux qui leur sont tout dévoués ne peuvent réussir dans un projet de fuite et de déguisement, le monde n'est plus ce que j'entendis toujours dire qu'il était.

Une partie de ce discours rappela de vives couleurs sur les joues d'Isabelle, et l'arrivée soudaine de Quentin ne contribua nullement à les faire disparaître. Il était vêtu en paysan flamand de la première classe, ayant mis les habits des dimanches de Peterkin, qui prouva son zèle pour le jeune Écossais par la promptitude avec laquelle il les lui offrit, en jurant en même temps que, dût-on le tanner comme la peau d'un bœuf, il ne le trahirait jamais.

Deux excellens chevaux avaient été préparés, grace aux soins actifs de la mère Mabel, qui réellement ne désirait aucun mal à la comtesse et à son écuyer, pourvu que leur départ écartât les dangers qu'elle craignait que leur présence n'attirât sur sa maison et sur sa famille. Elle les vit donc avec grand plaisir monter à cheval et partir, après leur avoir dit qu'ils trouveraient le chemin de la porte située du côté de l'orient, en suivant des yeux Peterkin, qui devait marcher devant eux pour leur servir de guide, mais sans avoir l'air d'avoir aucune communication avec eux.

Dès que ses hôtes furent partis, la mère Mabel saisit cette occasion pour faire une longue remontrance à Trudchen sur la folie de lire des romans ; car c'était ainsi que les belles dames de la cour étaient devenues si hardies et si dévergondées, qu'au lieu d'apprendre à conduire honnêtement une maison, il fallait qu'elles apprissent à monter à cheval, et qu'elles courussent le pays, sans autre suite qu'un écuyer fainéant, un page libertin, ou un coquin d'archer étranger, au risque de leur santé, au détriment de leur fortune, et au préjudice irréparable de leur réputation.

Gertrude écouta tout cela en silence et sans y répondre ; mais, vu son caractère, il est permis de douter qu'elle en tirât des conclusions conformes à celles que sa mère désirait lui inculquer.

Cependant nos voyageurs étaient arrivés à la porte orientale de la ville après avoir traversé des rues remplies d'une foule de gens, heureusement trop occupés des nouvelles du jour et des événemens politiques pour faire attention à un couple dont l'extérieur n'offrait rien de bien remarquable. Les gardes les laissèrent passer en vertu d'une permission que Pavillon leur avait obtenue, mais au nom de son collègue Rouslaer, et ils prirent congé de Peterkin Geislaer, en se souhaitant réciproquement, en peu de mots, toutes sortes de prospérités. Presque au même instant, un jeune homme vigoureux, monté sur un bon cheval gris, vint les joindre, et se fit connaître à eux comme Hans Glover, l'amoureux de Trudchen Pavillon. C'était un jeune homme à bonne figure flamande, ne brillant point par l'intelligence, annonçant plus de bonté de cœur et d'enjouement que d'esprit; et, comme la comtesse Isabelle ne put s'empêcher de le penser, peu digne de l'affection de la généreuse Gertrude. Il parut cependant désirer de concourir de tout son pouvoir aux vues bienfaisantes de la fille du bourguemestre ; car, après avoir salué respectueusement la comtesse, il lui demanda sur quelle route elle désirait qu'il la conduisit.

— Conduisez-moi, lui répondit-elle, vers la ville la plus voisine, sur les frontières du Brabant.

— Vous avez donc déterminé quel sera le but de votre voyage? lui demanda Quentin en faisant approcher son cheval de celui d'Isabelle, et lui parlant en français, langue que leur guide ne comprenait pas.

— Oui, répondit la comtesse ; car, dans la situation où je me trouve, il me serait préjudiciable de prolonger mon voyage ; je dois chercher à l'abréger, quand même il devrait se terminer à une prison.

— A une prison ! s'écria Quentin.

— Oui, mon ami, à une prison ; mais j'aurai soin que vous ne la partagiez pas.

— Ne parlez pas de moi, ne pensez pas à moi ; que je vous voie en sûreté, et peu m'importe ce que je deviendrai ensuite.

— Ne parlez pas si haut, dit Isabelle, vous surprendrez notre guide. Vous voyez qu'il est déjà à quelques pas devant nous.

Dans le fait, le bon Flamand, faisant pour les autres ce qu'il aurait désiré qu'on fît pour lui, avait pris l'avance, pour ne pas gêner leur entretien par la présence d'un tiers, dès qu'il avait vu Quentin s'approcher de la comtesse.

— Oui, continua-t-elle quand elle vit que leur guide était trop éloigné pour qu'il pût les entendre, oui, mon ami, mon protecteur, car pourquoi rougirais-je de vous nommer ce que le ciel vous a rendu pour moi? mon devoir est de vous dire que j'ai résolu de retourner dans mon pays natal, et de m'abandonner à la merci du duc de Bourgogne. Ce sont des conseils malavisés, quoique bien intentionnés, qui m'ont déterminée à fuir sa protection pour celle du politique et faux Louis de France.

— Et vous êtes donc résolue à devenir l'épouse du comte de Campo Basso, de l'indigne favori de Charles?

Ainsi parlait Quentin en cherchant à cacher sous un air de feinte indifférence l'angoisse secrète qui le déchirait ; comme le malheureux criminel, condamné à mort, affecte une fermeté qui est bien loin de son cœur, quand il demande si l'ordre de son exécution est arrivé.

— Non, Durward, non, répondit la comtesse en se redressant sur sa selle ; tout le pouvoir du duc de Bourgogne ne suffira pas pour avilir jusqu'à ce point une fille de la maison de Croye. Il peut saisir mes terres et mes fiefs, m'enfermer dans un couvent, mais c'est tout ce que j'ai à craindre de lui; et je souffrirais des maux encore plus grands, avant de consentir à donner ma main à ce Campo Basso.

— Des maux encore plus grands! répéta Quentin; et peut-on avoir à supporter de plus grands maux que la perte de ses biens et de sa liberté? Ah! réfléchissez-y bien, tandis que le ciel permet que vous respiriez encore un air libre, tandis que vous avez près de vous un homme qui hasardera sa vie pour vous conduire en Allemagne, en Angleterre, même en Écosse; et dans tous ces pays vous trouverez de généreux protecteurs. Ne renoncez donc pas si promptement à la liberté, au don du ciel le plus précieux! Ah! qu'un poète de mon pays a eu bien raison de dire :

> La liberté! noble trésor!
> Seule embellit l'existence mortelle;
> Au plaisir elle ajoute encor.
> On vit heureux et riche en vivant avec elle :
> Richesse, bonheur et santé,
> Vous nous dites adieu quand fuit la liberté.

Elle écouta avec un sourire mélancolique cette tirade en l'honneur de la liberté, et dit, après un moment d'intervalle : — La liberté n'existe que pour l'homme : la femme doit toujours chercher un protecteur, puisque la nature l'a rendue incapable de se défendre elle-même. Et où en trouverai-je un? Sera-ce le voluptueux Édouard d'Angleterre, l'ivrogne Wenceslas d'Allemagne? Vous me parlez de l'Écosse; ah! Durward, si j'étais votre sœur et que vous puissiez me garantir un asile dans quelque vallée paisible, au milieu de ces montagnes que vous vous plaisez à décrire; un asile où l'on voudrait me permettre, soit par charité, soit pour le peu de joyaux qui me restent, de mener une vie tranquille, et d'oublier le rang auquel j'étais destinée ; si vous pouviez m'assurer la protection de quelque dame honorable de votre pays, de quelque noble baron dont le cœur serait aussi fidèle que son épée, ce serait une perspective qui pourrait mériter que je bravasse la censure du monde en prolongeant mon voyage.

Elle prononça ces mots d'une voix presque défaillante, et avec un accent de tendresse et de sensibilité si touchant, que Durward en éprouva une joie qui pénétra jusqu'au fond de son cœur. Il hésita un instant avant de répondre, cherchant à la hâte en lui-même s'il pourrait lui procurer un asile sûr et honorable en Écosse; mais il ne put fermer les yeux à cette triste vérité, qu'il commettrait un acte de bassesse et de cruauté, s'il l'engageait à une telle démarche sans avoir aucun moyen de la protéger ensuite efficacement.

—Madame, lui dit-il enfin, j'agirais contre mon honneur et contre les lois de la chevalerie, si je vous laissais former aucun projet qui aurait pour base l'idée que je pourrais vous offrir en Écosse quelque autre protection que celle de l'humble bras qui vous est tout dévoué. A peine sais-je si mon sang coule dans les veines d'un seul autre habitant de mon pays natal. Le chevalier d'Innerquuharity prit d'assaut notre château pendant une nuit affreuse qui vit périr tout ce qui portait mon nom. Si je retournais en Écosse, mes ennemis féodaux sont nombreux et puissans ; je suis seul et sans protecteurs ; et quand le roi voudrait me rendre justice, il n'oserait, pour redresser les torts d'un simple individu, mécontenter un chef qui marche à la tête de cinq cents cavaliers.

—Hélas! dit la comtesse, il n'existe donc pas dans le monde entier un coin où l'on soit à l'abri de l'oppression, puisqu'on la voit déployer ses fureurs sur des montagnes sauvages qui offrent si peu d'attrait à la cupidité, aussi-bien que dans nos plaines riches et fertiles.

—C'est une triste vérité, répondit Durward, et je n'oserais vous la déguiser; ce n'est guère que la soif du sang et le désir de la vengeance qui arment nos clans les uns contre les autres; et les Ogilvies présentent en Écosse les mêmes scènes d'horreur que De la Marck et ses brigands offrent en ce pays.

—Ne parlons donc plus de l'Écosse, dit Isabelle avec un ton d'indifférence réelle ou affectée, qu'il n'en soit plus question. Dans le fait, je n'en ai parlé que par plaisanterie, pour voir si vous oseriez réellement me recommander comme un asile sûr, celui des royaumes de l'Europe où il règne le plus de troubles. C'était une épreuve de votre sincérité, sur laquelle je vois avec plaisir qu'on peut compter, même quand on met le plus fortement en jeu le sentiment qui vous anime le plus, l'amour de votre patrie. Ainsi donc, encore une fois, je ne chercherai d'autre protection que celle de quelque honorable baron, feudataire du duc Charles, entre les mains duquel je suis résolue de me livrer.

—Mais que ne vous rendez-vous plutôt sur vos domaines, dans votre château fort, comme vous en formiez le projet en sortant de Tours? Pourquoi ne pas appeler à votre défense les vassaux de votre père, et traiter avec le duc de Bourgogne, au lieu de vous rendre à lui? Vous trouverez bien des cœurs qui combattront vaillamment pour votre défense; j'en connais un du moins qui perdrait volontiers la vie pour en donner l'exemple.

— Hélas! ce projet, suggestion de l'artificieux Louis, et qui, comme tous ceux qu'il a jamais formés, avait pour but son intérêt plutôt que le mien, est devenu impraticable par suite de la trahison du perfide Zamet Hayraddin, qui en a donné connaissance au duc de Bourgogne. Il a jeté mon parent dans une prison, et mis garnison dans mes châteaux. Toute tentative que je pourrais faire ne servirait qu'à exposer mes vassaux à la vengeance du duc Charles; et pourquoi ferais-je couler plus de sang qu'on n'en a déjà répandu pour une cause qui en est si peu digne? — Non, je me soumettrai à mon souverain comme une vassale obéissante, en tout ce qui ne compromettra pas la liberté que je prétends avoir de me choisir un époux. Et je m'y détermine d'autant plus aisément, que je présume que ma tante, la comtesse Hameline, qui m'a conseillé la première, et qui m'a même pressée de prendre la fuite, a déjà pris elle-même ce parti sage et honorable.

— Votre tante! répéta Quentin, à qui ces derniers mots rappelèrent des idées auxquelles la jeune comtesse était étrangère, et qu'une suite rapide de dangers et d'événemens qui exigeaient toute son attention, avait bannies de sa propre mémoire.

— Oui, reprit Isabelle; ma tante, la comtesse Hameline de Croye. Savez-vous ce qu'elle est devenue? Je me flatte qu'elle est maintenant sous la protection de la bannière de Bourgogne. En savez-vous quelque chose?

Cette question, faite d'un ton d'intérêt et d'inquiétude, obligea Durward à lui dire une partie de ce qu'il savait du sort de la comtesse Hameline. Il lui apprit la manière dont il avait été averti de la suivre, lors de sa fuite de Schonwaldt, fuite dans laquelle il ne doutait pas que sa nièce ne l'accompagnât; la découverte qu'il avait faite qu'Isabelle n'était pas du voyage; son retour au château, et l'état dans lequel il l'avait trouvée. Mais il ne lui dit rien du motif qu'il était évident que sa tante avait en vue en partant de Schonwaldt, ni du bruit qui courait qu'elle avait été livrée entre les mains de Guillaume de la Marck; sa délicatesse lui imposant le silence sur le premier objet, et ses égards pour la sensibilité de sa compagne, dans un moment où elle avait besoin de toutes ses forces physiques et morales, l'empêchant de l'alarmer par le récit d'un fait dont il n'était informé que par une vague rumeur.

Ce récit, quoique dépouillé de ces circonstances importantes, fit une forte impression sur Isabelle, qui, après avoir gardé quelque temps le silence, dit d'un ton de froideur et de mécontentement:

— Et ainsi vous avez laissé ma malheureuse tante dans une forêt, à la merci d'un vil Bohémien et d'une perfide femme de chambre! Cette pauvre tante! Elle avait coutume de vanter votre fidélité!

— Si j'avais agi différemment, madame, répondit Quentin un peu piqué, et non sans raison, de la manière dont Isabelle semblait envisager sa conduite, quel aurait été le sort d'une personne au service de laquelle j'étais plus particulièrement dévoué? Si je n'avais pas laissé la comtesse Hameline de Croye entre les mains de ceux qu'elle avait elle-même choisis pour conseillers, la comtesse Isabelle ne serait-elle pas en ce moment au pouvoir de Guillaume de la Marck, du Sanglier des Ardennes?

— Vous avez raison, dit Isabelle en reprenant son ton ordinaire, et moi qui ai retiré tout l'avantage d'un

20.

dévouement si généreux, j'ai été coupable d'une noire ingratitude envers vous. Mais ma malheureuse tante! et cette misérable Marton, à qui elle accordait tant de confiance et qui la méritait si peu! C'est elle qui a introduit près d'elle les deux Maugrabins, Zamet et Hayraddin, dont les prétendues connaissances en astrologie avaient obtenu un grand ascendant sur son esprit. C'est encore elle qui, en appuyant sur leurs prédictions, lui a fait concevoir — je ne sais de quel terme me servir, — des illusions, relativement à un mariage, à des amans; ce que son âge rendait invraisemblable et presque honteux. Je ne doute pas que ce ne soit l'astucieux Louis qui nous ait environnées de tous ces traîtres, dès l'origine, pour nous déterminer à nous réfugier à sa cour, ou plutôt à nous mettre sous sa puissance. Et, après que nous eûmes fait cet acte d'imprudence, de quelle manière ignoble, indigne d'un roi, d'un chevalier, d'un homme bien né, a-t-il agi envers nous! Vous en avez été vous-même témoin, Durward. Mais ma pauvre tante! que croyez-vous qu'elle devienne?

Cherchant à lui donner des espérances qu'il avait à peine lui-même, Quentin lui répondit que la passion dominante de ces misérables était la cupidité; que Marton, quand il avait quitté la comtesse Hameline, semblait vouloir la protéger; qu'enfin il était difficile de concevoir quel but Hayraddin pourrait se proposer en assassinant ou maltraitant une prisonnière, dont il devait espérer de tirer une bonne rançon, s'il la respectait.

Pour détourner les pensées d'Isabelle de ce sujet mélancolique, Quentin lui raconta la manière dont il avait découvert, pendant la nuit qu'elle avait passée au couvent près de Namur, la trahison projetée par leur guide, qui lui paraissait le résultat d'un plan concerté entre le roi de France et Guillaume de la Marck. La jeune comtesse frémit d'horreur ; et, revenant à elle, elle s'écria : — Je rougis de ma faiblesse ; j'ai sans doute péché en me permettant de douter assez de la protection des saints pour croire un instant qu'un projet si cruel, si vil, si déshonorant, pût s'accomplir, tandis qu'il existe dans le ciel des yeux ouverts sur les misères humaines, et qui en prennent pitié. C'est un plan auquel il ne suffit pas de penser avec crainte et horreur ; il faut le regarder comme une trahison infame et abominable dont le succès était impossible. Croire qu'elle aurait pu réussir, ce serait se rendre coupable d'athéisme. Mais je vois clairement à présent pourquoi cette hypocrite de Marton cherchait souvent à semer des germes de petites jalousies et de légers mécontentemens entre ma pauvre tante et moi ; pourquoi, en prodiguant des flatteries à celle de nous près de qui elle se trouvait, elle y mêlait toujours tout ce qui pouvait lui inspirer des préventions contre celle qui était absente. Et cependant j'étais bien loin de m'imaginer qu'elle réussirait à décider une parente qui naguère m'était si attachée, à m'abandonner à Schonwaldt quand elle trouva le moyen de s'en échapper.

— Ne vous en parla-t-elle donc pas ? demanda Quentin.

— Non, répondit Isabelle ; elle me dit seulement de faire attention à ce que Marton me dirait. A la vérité le jargon mystérieux du misérable Hayraddin, avec qui elle avait eu ce jour-là même une longue et secrète conférence, avait tellement tourné la tête de ma pauvre tante, elle venait de me tenir des discours si étranges et si inintelligibles, que, la voyant dans cette humeur, je ne jugeai pas à propos de lui demander aucune explication. Il était pourtant bien cruel de m'abandonner ainsi !

— Je ne crois pas que la comtesse Hameline ait été coupable d'une telle cruauté, dit Quentin ; car au milieu des ténèbres, et dans un moment où la plus grande hâte était indispensable, je suis convaincu qu'elle se croyait accompagnée de sa nièce, et cela aussi fermement que moi-même, qui, trompé par le costume et la taille de Marton, croyais suivre les deux dames de Croye, et surtout, ajouta-t-il en baissant la voix, mais en appuyant sur l'accent de ces dernières paroles, — mais surtout celle sans laquelle tous les trésors de l'univers n'auraient pu me déterminer à quitter Schonwaldt en ce moment.

Isabelle baissa la tête, et parut à peine avoir remarqué le ton exalté avec lequel Quentin venait de parler. Mais elle fixa de nouveau les yeux sur lui quand il commença à parler de la politique tortueuse de Louis, et il ne leur fut pas difficile, au moyen de quelques explications mutuelles, de s'assurer que les deux frères bohémiens et Marton, leur complice, avaient été les agens de ce monarque astucieux, quoique Zamet, le frère aîné, avec une perfidie particulière à sa race, eût essayé de jouer un double rôle, et en eût reçu le châtiment.

Se livrant ainsi aux épanchemens d'une confiance réciproque, et oubliant la singularité de leur situation et les dangers auxquels ils étaient encore exposés, nos deux voyageurs marchèrent plusieurs heures, et ils ne s'arrêtèrent que pour donner quelque repos à leurs chevaux, dans un hameau écarté où les conduisit leur guide, qui se comporta, sous tous les rapports, en homme doué de bon sens et de discrétion, comme il en avait donné la preuve en se tenant à quelque distance pour ne pas mettre obstacle à la liberté de leur entretien.

Cependant la distance artificielle que les usages de la société établissaient entre les deux amans, car nous pouvons maintenant leur donner ce nom, semblait diminuer ou même disparaître, par suite des circonstances dans lesquelles ils se trouvaient. Si la comtesse avait un rang plus élevé, si sa naissance lui avait donné des droits à une fortune qui ne souffrait aucune comparaison avec celle d'un jeune homme ne possédant que son épée, il faut aussi faire attention que, pour le moment, elle était aussi pauvre que lui, et qu'elle devait sa sûreté, sa vie et son honneur à sa présence d'esprit, à sa valeur et à son dévouement. Ils ne parlaient pourtant pas d'amour, car, quoique Isabelle, le cœur plein de confiance et de gratitude, eût pu lui pardonner une telle déclaration, la langue de Quentin était retenue autant par sa timidité naturelle que par un sentiment d'honneur chevaleresque qui lui aurait reproché d'abuser indignement de la situation de la jeune comtesse, s'il en eût profité pour se permettre d'exprimer ses sentimens sans contrainte.

Ils ne parlaient donc pas d'amour; mais il était impossible qu'ils n'y pensassent pas chacun de leur côté, et ils se trouvaient ainsi placés, l'un à l'égard de l'autre, dans cette situation où les sentimens d'une tendresse mutuelle se comprennent plus aisément qu'ils ne s'expriment. Cette situation permet une sorte de liberté, laisse quelques incertitudes, forme souvent les heures les plus délicieuses de la vie humaine, et fréquemment en amène de plus longues, troublées par le désappointement, l'inconstance, et tous les chagrins qui suivent un espoir trompé et un attachement non payé de retour.

Il était deux heures après midi quand leur guide, le visage pâle et d'un air consterné, les alarma en leur annonçant qu'ils étaient poursuivis par une troupe de *schwartzreiters* de Guillaume de la Marck. Ces soldats, ou pour mieux dire ces bandits, étaient levés dans les cercles de la Basse-Allemagne, et ressemblaient aux lansquenets sous tous les rapports, si ce n'est qu'ils remplissaient les fonctions de cavalerie légère. Pour soutenir le nom de *cavalerie noire*, et semer une nouvelle terreur dans les rangs de leurs ennemis, ils étaient ordinairement montés sur des chevaux noirs, portaient un uniforme de même couleur, et enduisaient même de noir toute leur armure, opération qui donnait souvent aussi cette couleur à leurs mains et à leur visage. Pour les mœurs et la férocité, les schwartzreiters étaient les dignes rivaux de leurs compagnons, les fantassins lansquenets. Quentin tourna la tête; et, voyant s'élever dans le lointain, au bout d'une grande plaine qu'ils venaient de traverser, un nuage de poussière, en avant duquel une couple de cavaliers, précédant la troupe, couraient à toute bride, il dit à sa compagne : — Chère Isabelle, je n'ai d'autre arme qu'une épée; mais si je ne puis combattre pour vous, je puis fuir avec vous. Si nous pouvions gagner ce bois avant que ces cavaliers nous aient rejoints, nous trouverions aisément le moyen de leur échapper.

— Faisons-en la tentative, mon unique ami, répondit Isabelle en faisant prendre le galop à son cheval; et

vous, mon brave garçon, dit-elle en s'adressant à Hans
Glover, prenez une autre route, et ne partagez pas nos
infortunes et nos dangers.

L'honnête Flamand secoua la tête, et répondit à cette
généreuse exhortation : — *Nein ; das geth nichts ;* et il
continua de les suivre, tous trois courant vers le bois
aussi vite que le leur permettaient leurs chevaux fati-
gués. De leur côté, les schwartzreiters qui les poursuivaient, doublèrent la vitesse de leur course en les voyant
fuir. Mais, malgré la fatigue de leurs chevaux, les fugi-
tifs n'étant pas chargés d'une lourde armure, et pouvant par conséquent courir plus rapidement, gagnaient
du terrain sur la troupe ennemie. Ils n'étaient qu'à
environ un quart de mille du bois, quand ils virent
sortir une compagnie d'hommes d'armes qui marchaient
sous la bannière d'un chevalier, et qui leur intercep-
taient le passage.

— A leur armure brillante, dit Isabelle, il faut que ce
soient des Bourguignons. Mais n'importe qui ils soient,
je me rendrai à eux plutôt que de tomber entre les mains
des mécréans sans foi ni loi qui nous poursuivent.

Un moment après, regardant l'étendard déployé,
elle s'écria : — Je reconnais cette bannière au cœur
fendu que j'y aperçois; c'est celle du comte de Crèvecœur, d'un noble seigneur bourguignon, c'est à lui que
je me rendrai.

Durward soupira ; mais quelle autre alternative res-
tait-il? Combien se serait-il trouvé heureux, un instant
auparavant, de pouvoir acheter la sûreté d'Isabelle,
même à de pires conditions! Ils joignirent bientôt la
troupe de Crèvecœur, qui avait fait halte pour reconnaître les schwartzreiters. La comtesse demanda à parler

au chef; et le comte la regardant d'un air de doute et d'incertitude, — Noble comte, lui dit-elle, Isabelle de Croye, la fille de votre ancien compagnon d'armes, du comte Reinold de Croye, se rend à vous, et vous demande votre protection pour elle et pour ceux qui l'accompagnent.

— Et vous l'aurez, belle cousine, envers et contre tous, toujours sauf et excepté mon seigneur suzerain le duc de Bourgogne; mais ce n'est pas le moment d'en parler; ces misérables coquins ont fait une halte comme s'ils avaient dessein de disputer le terrain. Par saint George de Bourgogne! ils ont l'insolence d'avancer contre la bannière de Crèvecœur! Quoi! ces brigands ne seront-ils jamais réprimés! Damien, ma lance! Porte-bannière, en avant! Les lances en arrêt! Crèvecœur à la rescousse!

Poussant son cri de guerre, et suivi de ses hommes d'armes, le comte partit au grand galop pour charger les schwartzreiters.

FIN DU TOME DEUXIÈME DE QUENTIN DURWARD.

ŒUVRES COMPLÈTES
DE
SIR WALTER SCOTT.

Cette édition sera précédée d'une notice historique et littéraire sur l'auteur et ses écrits. Elle formera soixante-douze volumes in-dix-huit, imprimés en caractères neufs de la fonderie de Firmin Didot, sur papier jésus vélin superfin satiné; ornés de 72 *gravures en taille-douce* d'après les dessins d'Alex. Desenne; de 72 *vues* ou *vignettes* d'après les dessins de Finden, Heath, Westall, Alfred et Tony Johannot, etc., exécutées par les meilleurs artistes français et anglais; de 30 *cartes géographiques* destinées spécialement à chaque ouvrage; d'une *carte générale de l'Écosse*, et d'un *fac-simile* d'une lettre de Sir Walter Scott, adressée à M. Defauconpret, traducteur de ses œuvres.

CONDITIONS DE LA SOUSCRIPTION.

Les 72 volumes in-18 paraîtront par livraisons de 3 volumes de mois en mois; chaque volume sera orné d'une *gravure en taille-douce* et d'un titre gravé, avec une *vue* ou *vignette*, et chaque livraison sera accompagnée d'une ou deux *cartes géographiques*.

Les *planches* seront réunies en un cahier séparé formant *atlas*.

Le prix de la livraison, pour les souscripteurs, est de 12 fr. et de 20 fr. avec les gravures avant la lettre.

A la publication de la 3e livraison, les prix seront portés à 15 fr. et à 25 fr.

ON NE PAIE RIEN D'AVANCE.

Pour être souscripteur il suffit de se faire inscrire à Paris

Chez les Éditeurs :

CHARLES GOSSELIN, LIBRAIRE,
DE S. A. R. M. LE DUC DE BORDEAUX,
Rue St.-Germain-des-Prés, n. 9.

A. SAUTELET ET Cº,
LIBRAIRES,
Place de la Bourse.

www.ingramcontent.com/pod-product-compliance
Lightning Source LLC
Chambersburg PA
CBHW070636170426
43200CB00010B/2043